आनन्दघन

डॉ. रामदेव शुक्ल

विद्यानिधि

ISBN : 978-93-5000-984-0

विद्यानिधि

4695, 21-ए, दरियागंज,
नयी दिल्ली-110002
द्वारा प्रकाशित

संस्करण : 2015

मूल्य : ₹295.00

एम.एस. प्रिंटर्स, दिल्ली-110093
द्वारा मुद्रित

विद्यानिधि, वाणी प्रकाशन की सहयोगी संस्था

अनुक्रम

समुझै कविता घनआनन्द की

"लोग हैं लागि कवित्त बनावत मोहि तौ मेरे कवित्त बनावत"

यह घोषणा करने वाले कवि आनन्दघन की कविता पाठक से कुछ अतिरिक्त संवेदनशीलता, समझ और अध्ययन की अपेक्षा करती है तो यह सर्वथा उचित है। आनन्दघन की कविता दूसरों से किस स्तर पर भिन्न है इसका अनुमान आचार्य शुक्ल के कुछ वाक्यों के आलोक में किया जा सकता है। "ये साक्षात् रसमूर्ति और ब्रजभाषा काव्य के प्रधान स्तम्भों में हैं।" "इनकी सी विशुद्ध, सरस और शक्तिशालिनी ब्रजभाषा लिखने में और कोई कवि समर्थ नहीं हुआ। विशुद्धता के साथ प्रौढ़ता और माधुर्य भी अपूर्व ही है। विप्रलम्भ श्रृंगार ही अधिकतर इन्होंने लिया है। ये वियोग श्रृंगार के प्रधान मुक्तककार कवि हैं। 'प्रेम की पीर' ही लेकर इनकी वाणी का प्रादुर्भाव हुआ। प्रेममार्ग का ऐसा प्रवीण और धीर पथिक तथा जबांदानी का ऐसा दावा रखने वाला ब्रजभाषा का दूसरा कवि नहीं हुआ।" प्रेम की गूढ़ अन्तर्दशा का उद्घाटन जैसा इनमें है वैसा हिन्दी के अन्य श्रृंगारी कवि में नहीं।"—"भाषा पर जैसा अचूक अधिकार इनका था वैसा और किसी कवि का नहीं। भाषा मानो इनके हृदय के साथ जुड़कर ऐसी वशवर्तिनी हो गई थी कि ये उसे अपनी अनूठी भाव-भंगी के साथ-साथ जिस रूप में चाहते थे, उस रूप में मोड़ सकते थे। इनके हृदय का योग पाकर भाषा को नूतन गतिविधि का अभ्यास हुआ और वह पहले से कहीं अधिक बलवती दिखाई पड़ी।"[1] "यद्यपि इन्होंने संयोग और वियोग दोनों पक्षों को लिया है, पर वियोग की अन्तर्दशाओं की ओर ही उनकी दृष्टि अधिक है। वियोग वर्णन भी अधिकतर अन्तर्वृत्ति निरूपक है, बाह्यार्थ निरूपक नहीं। घनानन्द ने न तो बिहारी की तरह विरह-ताप को बाहरी माप से मापा है न बाहरी उछलकूद ही दिखाई है। जो कुछ हलचल है वह भीतर की है। बाहर से वह वियोग प्रशान्त और गम्भीर है, न उसमें करवटें बदलना है, न सेज का आग की तरह तपना है, न उछलकूद कर भागना है। उनकी मौनमधि पुकार है।" "उक्ति का अर्थगर्भत्व भी घनानन्द का स्वतन्त्र और स्वावलम्बी होता है, बिहारी के दोहों के समान साहित्य की रूढ़ियों (जैसे नायिकाभेद) पर आश्रित नहीं रहता। उक्तियों की सांगोपांग योजना या अन्विति इनकी निराली होती है।"[2]

आनन्दघन की भाषा, उक्ति का अर्थगर्भत्व और संयोग-वियोग शृंगार की निजी विशेषताओं की ओर आचार्य शुक्ल के स्पष्ट संकेतों के बावजूद हिन्दी के समीक्षकों ने मनमाने निष्कर्ष निकाले हैं। "उनके भावों में विषाद और निराशा का प्राचुर्य है।"[१] और "उनके भाग्य में प्रेम का हर्ष बदा ही नहीं है।"[२] ऐसे निष्कर्षों से आनन्दघन के प्रेम, सौन्दर्य और संयोग शृंगार की विशेषताएँ छूट जाती हैं। अतः यहाँ उनके काव्य में इन पक्षों पर विचार कर लेना उचित होगा।

आनन्दघन का संयोग शृंगार

एक ओर जहाँ आनन्दघन के शृंगारचित्रण में अत्यन्त सूक्ष्म (यहाँ तक कि अधिकांश रीतिकालीन कवियों से अपरिचित) मानसिक दशाओं का उद्घाटन हुआ है, वहीं दूसरी ओर उसमें सघन ऐन्द्रियता और मांसल सौन्दर्य भी मुखर होता है। नारी-सौन्दर्य के प्रति पुरुष की सम्मोहित दृष्टि, आलम्बन की चेष्टाओं से उस आसक्ति की तीव्रता में वृद्धि, संयोग के प्रगाढ़ चित्र और इस प्रकार की चरम तृप्ति का आस्वादन, आनन्दघन के शृंगार को वायवी या केवल मानसिक होने से बचाकर स्वाभाविक बना देते हैं।

यहाँ कुछ लोगों को यह लग सकता है कि आनन्दघन के प्रेम की महत्ता शरीर के धरातल पर आ जाने से कुछ कम या हीन हो गई है। इन लोगों को स्मरण करना चाहिए कि शारीरिक स्तर पर प्रेम का अनुभव करने वाला ही उसके सूक्ष्म, मानसिक या आध्यात्मिक पक्ष की ओर स्वाभाविक रूप में बढ़ सकता है। इसीलिए सूफियों के यहाँ इश्क़ हक़ीक़ी तक पहुँचने के लिए उससे पहले इश्क़-मज़ाज़ी (लौकिक या शारीरिक) की अनिवार्यता बताई गई है। तुलसी को आसक्ति की तीव्रता उपमान के लिए 'कामिहि नारि पियारि जिमि' कहना पड़ा। इस तीव्रता का अनुभव आनन्दघन के काव्य में अत्यन्त स्वाभाविक रूप में होता है। रीतिकाल के अन्य कवियों (बिहारी, देव आदि) में भी शारीरिक स्तर पर आकर्षण की तीव्रता दिखाई पड़ती है किन्तु आनन्दघन के सौन्दर्य-चित्रों और उनके प्रति कवि (प्रेमी) की आसक्ति में जो ताज़गी है, वह स्वानुभूत ही हो सकती है। बिहारी की नायिकाओं में भावक के मन में गुप्त रति को जागृत करने की (आलम्बनत्व की) क्षमता है, किन्तु आनन्दघन के स्वानुभव की तीव्रता भावक को (उस प्रेमी के सामने) छोटा कर देती है। आनन्दघन की प्रिया सार्वजनिक शृंगार का आलम्बन बनाकर प्रस्तुत नहीं की गई है, उसमें प्रस्तुत करने वाले की प्रगाढ़ वैयक्तिकता स्पष्ट रूप में झलकती है, जिसे विद्वानों ने अतिवैयक्तिकता[५] नाम दिया है। अतिवैयक्तिकता की भावुकतापूर्ण कल्पना न भी करें, वैयक्तिकता पर्याप्त है, जिसका अन्य रीतिकालीन कवियों में सर्वथा

अभाव है। इसका कारण भी बहुत साफ है। जहाँ देव या बिहारी को रूप का चित्रण करते हुए इस बात का ध्यान रखना पड़ता था कि इससे श्रोता की तबियत फड़क उठे, वहीं आनन्दघन को इस बात की कतई परवाह नहीं थी कि उसकी प्रिया के रूप से अन्य कोई प्रभावित होता है या नहीं। बल्कि इससे भी आगे बढ़कर आनन्दघन अपनी प्रिया के रूप को सांसारिक चतुरों की दृष्टि से दूर ही रखना चाहते थे। बिहारी जहाँ अपनी नायिका के रूप से रसिकों को प्रभावित करना चाहते थे, वहाँ आनन्दघन अपनी प्रिया के रूप-सौन्दर्य और उससे मिलने वाली तृप्ति में इतने तन्मय थे कि उन्हें किसी और का ख्याल नहीं था। बिहारी ने 'नायिका' के रूप का चित्र खींचा और आनन्दघन ने 'प्रिया' के रूप का। यही कारण है कि भावक नायिका के चित्र को देखकर आश्रयत्व का अनुभव करने लगता है और 'प्रिया' का चित्र देखकर उससे प्रभावित होने पर भी अपने को उसके योग्य नहीं पाता। उसके लिए आनन्दघन जैसा ही प्रेमी चाहिए जिसके सामने मीन और पतंग (दोनों आदर्श प्रेमी) तुच्छ साबित होते हैं।

प्रिया सुजान के जिस रूप ने आनन्दघन को ऐसा विलक्षण प्रेमी बना दिया उस रूप की विशेषताएँ भी वैसी ही हैं। यहाँ एक विशेष बात की ओर ध्यान दिलाना आवश्यक लगता है। सुजान को किसी दूसरे की प्रेमिका या नर्तकी के रूप में आनन्दघन ने कभी नहीं देखा। उनकी दृष्टि उसके विलक्षण सौन्दर्य पर तब से लगी हुई थी, जब वह वय:सन्धि की अवस्था पार करने ही वाली थी। सुजान इसको न जानती हो, प्रेमी की दृष्टि तभी से बँधी हुई है—

"सिसुताई-निसि सियराई बाल-ख्यालन में
जोबन-विभाकर-उदोत आधा है रली।
गमागम-बस भयो रस कै समागम है
आगें ते अधिक अब लागन लगी भली।
सकुच-बिकच-दसा देखे मन आई मनो
चाहति कमल होन कोई रूप की कली।"

रूप की यह कली कमल होना चाहती है। प्रेमी की दृष्टि तभी से लगी हुई है। उससे भी पहले से वह उस रूप के प्रति समर्पित है—

"आगें ते अधिक अब लागन लगी भली।"

भली वह पहले भी लगती थी, अब वह आकर्षण बढ़ता जा रहा है। कली फूल बन रही है। फूल बनने की प्रक्रिया में है। उसके एक-एक अंग से 'ऊठ' (उठान-उभार) उसकी चाल को पग-पग पर एक ऐंठ से भर देती है—

"बैस है नवेली अलबेली ऊठ अंग-अंग।
झलकें अनंग रंग ऐंड़त चलत है।"

अंग-अंग की यह उठान खिलते हुए यौवन की प्रक्रिया का मूर्त रूप है। प्रिया के पूर्ण विकसित रूप को कह पाना सम्भव नहीं है। उसके सामने मन, वाणी, बुद्धि, आँखें सब अपनी शक्ति खो बैठते हैं। दृष्टि उस रूप तक पूरी तरह पहुँच ही नहीं पाती, फिर उसके वर्णन करनें का सवाल ही कहाँ उठता है—

"रूप की उझलि आछे आनन पै नई-नई
तैसी तरुनई तेह-ओपी अरुनई है।
उलटि अनंग रंग की तरंग अंग अंग
भूपन-बसन भरि आभा फैलि गई है।
महारस-भीर परैं लोचन अधीर तरैं
आछी ओक धरैं प्यास-पीर सरसई है।
कैसे घनआनंद सुजान प्यारी छबि कहौं
दीठि तौ चकित औ' थकित मति भई है।"

भीतर से उफनती हुई रूप की राशि (उझलि) के नित्य नये रूपों में प्रकट होने में इतनी गति है कि यह कहने की आवश्यकता नहीं रह जाती कि—

'भये न केते जगत के चतुर चितेरे कूर।"—बिहारी

आँखें वहाँ तक पहुँचने से पहले ही महारस में डूब जाती हैं, बुद्धि थक जाती है, अतः उस रूप का वर्णन कर पाना सम्भव नहीं है।

फिर भी सुजान के रूप-सौन्दर्य के जो चित्र मिलते हैं वे उसके महत्त्व का आभास दिलाने की क्षमता रखते हैं।

आनन्दघन द्वारा वर्णित प्रिया के रूप के सम्बन्ध में दूसरी महत्त्वपूर्ण बात यह है कि वहाँ अंगों के कोरे वर्णन मात्र नहीं हैं। नखशिख का निर्वाह तो उन्होंने नहीं ही किया है, प्रिया के जिन विशिष्ट अंगों का वर्णन किया है उनमें भी गति और मुद्राओं पर विशेष ध्यान है। इससे महत्त्वपूर्ण विशेषता यह है कि आश्रय के मन पर होने वाली प्रतिक्रिया का संकेत प्रत्येक रूप-चित्र में है :

'नैननि बोरति रूप के भौंर अचंभे भरी छतिया-उथराई।"

इस एक पंक्ति में आलम्बन के रूप और यौवन की तीव्रता और उसके प्रति आश्रय के मन की प्रतिक्रिया का पूर्ण चित्र है। उथली (थोड़ी उठी हुई) छातियों (उरोजों) का उथलापन रूप के आवर्त में नेत्रों को डुबा देता है। इस चित्र की तुलना छायावादी कवि पन्त के एक चित्र से की जा सकती है—

"इन गढ़ों में रूप के आवर्त से, घूम फिर कर,
नाव से किसके नयन,
हैं नहीं डूबे, अटक कर, भटक कर,
भार से दब कर तरुण सौन्दर्य के।"

—(ग्रंथि)

प्रिया के कपोलों पर पड़ने वाले गढ़ों के आवर्त (भँवर) में देखने वालों के नेत्र रूपी नाव का तरुण सौन्दर्य के भार से दबकर डूब जाना— एक पूर्ण चित्र है।

आनन्दघन के उपर्युक्त चित्र में एक और विशेषता है। यहां देखने वाले के नेत्रों को जो भँवर अपने में डुबाती है, वह गहराई से नहीं, उथलेपन से (उरोजों के सन्दर्भ में ओछेपन में ही सारा सौन्दर्य है) उत्पन्न होती है। विरोध का यह चमत्कार काव्यत्व को बढ़ाता है।

इसी छन्द में प्रिया के कटाक्षों का वर्णन है जो काम के बाणों को भोथरा कर देने वाले हैं।

"पैने कटाछनि-ओज मनोज के बानन बीच बिधी भुथराई।"

एक दूसरे चित्र में प्रिया के ऊँचे उरोजों का उत्साह कामदेव के ओज का दलन करता है।

"घनआनंद ओपित ऊँचे उरोजनि चोज मनोज की ओज-दली।"

प्रिया की दो आंखों के लावण्य में प्रेमी की बुद्धि ऐसे खो जाती है—

"द्वै सरोज बीच एक बसत रसत कैसें
लसत जु ऐसे अचरज अधिकाई है।"

दो समान सौन्दर्य वाले खिले कमल पुष्पों के बीच एक भ्रमर (मन-मति, बुद्धि) का घूमना, प्रेमी की दृष्टि का प्रिया के नेत्रों के सौन्दर्य पर लुब्ध होने का तद्रूप चित्रण करता है।

सुजान की पीठ, उदर, कटि, साड़ी की चुन्नटें, सज पर प्रेमी की लालसा-लिप्त दृष्टि है।

पीठ के वर्णन में किसी विशिष्टता के बिना कवियों ने परम्परा का पालन मात्र किया है। आनन्दघन का मन पीठ देखकर (प्रिया की) विमन हो जाता है।

"मन दै मनाऊँ सो न पाऊँ घनआनंद पै
मोहि यों विमन करै एरी तेरी पीठि है।"

एक दूसरे छन्द में सुजान की पीठ देखकर प्रेमी की दृष्टि और सब जगह से मुंह फेर लेती है—

"जान की पीठि लखे घनआनंद आनन आन तें होत उचाटी।"

उसके उदर के सौन्दर्य को देखकर सौन्दर्य के अन्य उपकरणों के गर्व ओले की तरह गलने लगते हैं—

"ताकें तो उदर घनआनंद सुजान प्यारी
ओछी उपमान को गरूर ओरे लौं गरे।"

सौन्दर्य के गर्व और यौवन के गरूर से अंग-अंग में ऐंठ तो है ही, नाक चढ़ाकर प्रिया का डोलना प्राणों में (आश्रय के) सीधे प्रवेश कर जाता है।

"पैठत प्रान खरी अनखीली सु नाक चढ़ाएई डोलत टेंठी।"

प्रिया की कलाई चूड़ियों से भरी हुई है। उन चूड़ीयुक्त हाथों में ही प्रेमी का मन पड़ जाता है—

"चारु चुरीन चितै घनआनन्द चित्त सुजान के पानि भयो है।"

उसकी भौंहें नृत्य के भावों के भेद एक गति में बता देती हैं—

"नाचहि भाव के भेद बतावत है घनआनंद भौंह-चलायन।"

उसके गले की एक गति प्रेमी के प्राणों को रस से भिजा देती है—

"सरस सुजान घनआनन्द भिजावै प्रान।
गरबीली ग्रीवा जब आनि मान पै ढुरे॥"

उसके स्वर के बाण बिना कमान के छूटने पर भी प्रेमी को इस तरह विद्ध कर देते हैं कि उसका शरीर लोटने लगता है—

"सांच के सान धरे सुर-बान, पै छूटे बिना ही कमान सों जोटैं।
× × ×
प्रान सुजान के गान बिधे घट लोटैं परे, लगि तान किचोटैं॥"

प्रिया के पाँवों के सौन्दर्य पर प्रेमी की दृष्टि का टिका रह जाना, दृष्टि के साथ मन का वहीं अटक जाना इस तरह वर्णित है कि एक ही छन्द से आनन्दघन के रूप-वर्णन की ऐन्द्रियता (सेन्सुअसनेस) प्रकट हो जाती है—

"रति-सांचे ढरी अछवाई भरी पिंडुरीन गुराइयै पेखि पगै।
छवि घूमि घुरै न मुरै मुरवान सों लोभो खरो रस झूमि खगै।
घनआनन्द एंड़िनि आनि भिड़ें तरवानि तरें तें भरै न डगै।
मन मेरो महाउर चायनि च्वै तुव पायनि लागि न हाथ लगै॥"

प्रेमी का कथन है कि मेरा मन तुम्हारी पिंडलियों की गुराई और रति के सांचे में ढली हुई उनकी सुघड़ता देखकर उसी में लिप्त हो गया। वहाँ से नीचे उतरा तो वह लोभी एड़ी के घेरे से मुड़ने को तैयार न हुआ। फिर एड़ियों पर आया और वहाँ से तलवों के नीचे सरक कर स्थिर हो गया। मेरा मन तुम्हारे पैरों से लग कर मेरे हाथ ही नहीं लगता। मुहावरे की अदा के साथ पिंडलियों के उभार पर टिकने वाले मन की लालसा दर्शनीय है। पिंडलियों का वर्णन पश्चिमी साहित्य में तो बहुत अधिक है, भारतीय साहित्य में वह नहीं के बराबर है। नखशिख वाले कवियों ने भी उस पर बहुत ध्यान नहीं दिया है।

प्रिया की उत्साहपूर्वक चुनकर पहनी गई साड़ी (अत्यन्त गोरे शरीर पर सांवली-काली या नीली) की फबन पर प्रेमी की लालसालिप्त दृष्टि साकार हो उठती है—

"कैसी फबी घनआनन्द चोपनि सों पहिरी चुनि सांवरी सारी।"

चोली वर्णन में तो चोली की कढ़ाई की रेखाओं का प्रिया के उरोजों में अंकित हो जाना कवि के अनुभवों की गहराई का प्रमाण है—

"देखि जियौ न छियौ घनआनन्द कोंवरे अंग सुजानवधू के।
चोली चुनावट चीन्हें चुभैं चपि होत उजागर दाग उतू के॥"

इस प्रकार के बहुत सारे सौन्दर्य-चित्र हैं जिनमें प्रेमी की लालसा की उपस्थिति देखी जा सकती है। इसी उपस्थिति या आत्मीयता के कारण आनन्दघन के चित्र न तो नकली लगते हैं, न बाजारू और न दूसरे नायक-नायिकाओं के लिए रचित।

सम्पूर्ण शरीर की शोभा की व्यंजना ऐसे ही अनेक छन्दों में अद्भुत प्रभावोत्पादकता के साथ हुई है। प्रिया की लाज में लिपटी अनेक भेदों और भावों से भरी हुई चितवन उसके विलक्षण नेत्रों के बाँकपन में प्रकट होती है। उसकी बातों से रच निचुड़ता है। उसके मुड़ जाने में, उसकी गति में अनंग के अनेक रंग एक साथ ही प्रकट हो जाते हैं।

"लाजनि लपेटी चितवनि भेद-भाय-भरी
लसति ललित लोल-चख-तिरछानि मैं।
छबि को सदन गोरो बदन, रुचिर भाल,
रस निचुरत मीठी मृदु मुसक्यानि मैं।
दसन-दमकि फैलि हियें मोती-माल होति,
पिय सों लड़कि प्रेम-पगी बतरानि मैं।
आनन्द की निधि जगमगति छबीली बाल,
अंगनि अनंग रंग ढुरि मुरि जानि मैं।"

उसकी एक-एक गति में काम को उद्दीप्त करने वाली छटाएँ प्रकट हो रही हैं। इस छन्द में 'दसन-दमकि फैलि हियें मोती-माल होति' की मूर्त छबि अन्यत्र दुर्लभ है। प्रिया प्रिय के साथ लाड़युक्त होकर बात करती है तो उसके मोती के समान दाँतों की छबि हृदय में मोती की माला हो जाती है। हँसी की उज्ज्वलता का वक्षस्थल पर मोती की माला के रूप में फैल जाना उज्ज्वल हास का मूर्तीकरण है। इसका एक अन्य संकेत है जो और भी काव्यात्मक है। प्रिया के हास की उज्ज्वलता प्रेमी (आश्रय) के हृदय में (और पर) मुक्ता-माला की तरह सज जाती है।

इसी तरह का जीवन्त चित्र प्रिया के बोलने में छबि के फूलों की वर्षा होने का है—

"हँसि बोलन मैं छबि फूलन की बरखा उर-ऊपर जाति है ह्वं।"

प्रिया हँसकर बोलती है। हँसी की उज्ज्वलता मानो साकार होकर उज्ज्वल फूलों की तरह उसके वक्षस्थल पर बरस जाती है। ('हँसने में फूल झड़ना' इस मुहावरे का अत्यन्त परिष्कृत और कलात्मक रूप है) दूसरा संकेत आलम्बन (प्रिया) की उज्ज्वल हंसी से प्रिय (आश्रय) के हृदय पर फूलों की वर्षा हो जाने

का है। प्रिया हँसकर बोलती है, प्रिय को ऐसा लगता है कि उसके हृदय में फूलों की वर्षा हो रही है।

इसी छन्द में अन्तिम पंक्ति है—

"अंग-अंग तरंग उठै दुति की, परिहै मनो रूप अबै धर च्वै।"

प्रिया के अंग-अंग से द्युति की तरंगें उठ रही हैं। द्युति की ये तरंगें (विद्युत तरंगों की भाँति) प्रेमी के मन-प्राणों को खींच लेती हैं। प्रिया के अंगों में रूप इस तरह भरा है कि लगता है, अभी धरती पर टपक पड़ेगा। लबालब भरे पात्र से जैसे रस की बूँदें अब गिरीं कि तब गिरीं।

प्रेमी दृष्टि प्रेमिका के शरीर को वैसे ही प्रसन्न और पुलकित कर देती है जैसे कोई आदमी प्यार से किसी लता को हिलाकर छोड़ दे। यहाँ आनन्दघन लता को झकोरे से लहराकर महक से भरी हुई देखते हैं।

"लाड़-लसी लहकै महकै अंग रूप-लता लगि दीठि-झकोरै।"

दृष्टि (आश्रय की) के झकोरे से प्रिया की पूरी देह-लता हिल जाती है। हिलने से वे कलियाँ (सौन्दर्य और सुगन्धि की) जो बन्द थीं, खिल जाती हैं, उनकी सुगन्ध बिखरने लगती है। शरीर के आकर्षण का, प्रणय-दृष्टि पाकर बढ़ जाने का, अत्यन्त भावपूर्ण और कलात्मक अंकन है।

सौन्दर्य के इन चित्रों से आनन्दघन की प्रेमिका का पूरा वर्णन हो गया हो ऐसा मानने का कोई कारण नहीं है। वे तो यह मानते हैं कि प्रिया के अनुपम रूप के नगर तक पहुँचने में प्रेमी के नेत्रों को एक से एक बड़ी बाधाएँ पार करनी पड़ती हैं—

"कोऊ न देखै न काहू दिखावत, आपनो आन न जान अमैंडे।
बैठि सभा-मधि न्यारे रहैं पुनि रोकत चेटक लौं दृग-पैंडे।
कौन पत्याय कहैं घनआनन्द हैं सब सूधे-सयान सो ऐंडे।
रूप अनूपम को पुर दूरि, सु बावरे नैनन के मग बैंडे।"

एक तो रूप का वह नगर दूर, दूसरे प्रेमी के नेत्रों की हालत यह है कि वे बावरे हैं, रास्ता टेढ़ा-मेढ़ा है, मार्ग में अवरोध हैं और कोई सहायता करने वाला नहीं। संसार के दूसरे लोग क्या सहायता करेंगे, उनके पास न वह समझ है, न दृष्टि। अतः प्रिया के रूप का वर्णन सम्भव नहीं है।

रूप की अवर्ण्यता के लिए कवि ने एक ऐसा जीवन्त और पूर्ण चित्र खींचा है कि उसकी समानता नहीं हो सकती—

"पानिप अगार घनआनन्द उकति ओछी
जतन-जुगति जोन्ह कौन पै नपति है।"

उस रूप का वर्णन कर पाना वैसा ही है जैसा ज्योत्स्ना को तोलना। कवि के पास उक्ति है। (तुलसी वाला 'अरथ आखर बल') जो ओछी है, और दूसरी

और चाँदनी की तरह खिला हुआ वह अपार रूप-पानिप (रूप का पानी—जैसे मोती का)। भला किसी भी उपाय से किसी भी आदमी में ज्योत्स्ना को मापने की शक्ति है ? रूप के सम्बन्ध में एक से एक बातें हैं किन्तु उसकी अवर्ण्यता के लिए इससे अच्छी उक्ति का होना कठिन है।

इस प्रकार देखा जा सकता है कि आनन्दघन की प्रिया का यह असाधारण रूप-सौन्दर्य ही है जिसका अभाव उनके विरह को इतना तीव्र और आवेगमय बना देता है। रूप-सौन्दर्य का उपर्युक्त चित्रण रीति-परम्परा से मुक्त रहने वाले या यों कहें कि उस परम्परा के प्रति अज्ञान रखने वाले कवि के लिए सम्भव नहीं होता। इस सम्बन्ध में डॉ० भगीरथ मिश्र का यह कथन महत्त्वपूर्ण है कि, "घनानन्द ने रूप और भाव का चित्रण बिल्कुल रीतिकाव्य की पद्धति पर किया है, जो बड़ा ही मार्मिक है और ऐसे चित्रण को हम केवल अलौकिक सौन्दर्य का भक्त-सुलभ चित्रण कहकर टाल नहीं सकते।"[६]

पूर्वराग की स्थिति

वियोग वर्णन के आवेगपूर्ण छन्दों की बहुलता के नाते आनन्दघन के विरह-वर्णन को प्राय: प्रवास-विरह के रूप में ही देखा गया है। मुक्तक की प्रकृति भी किसी योजना की अनिवार्यता नहीं मानती और प्रवास-विरह की गम्भीरता असन्दिग्ध होती है, अत: आनन्दघन की प्रेम-पीर की अभिव्यक्ति के लिए प्रवास-जन्य कारण का औचित्य ही सामान्यत: स्वीकृत है। किन्तु विरहानुभूति को व्यक्त करने वाले छन्दों में अनेक छन्द ऐसे भी हैं जो प्रवास जैसी किसी दूरी के अस्तित्व को स्पष्ट रूप में अस्वीकार करते हैं। इस दशा में उन छन्दों की स्थिति पूर्वराग के सन्दर्भ में ही मुखर होती है। दूसरी ओर रूप के प्रति जो लालसा-लिप्त प्रगाढ़ राग सौन्दर्य-वर्णन वाले छन्दों में व्यक्त हुआ है, वह प्रिया की प्राप्ति में विलम्ब को सहन करने वाला नहीं है। जब विलम्ब असह्य होता है, तभी विरह की अनुभूति होती है और वही विरहानुभूति पूर्वराग में अभिव्यक्ति पाती है। प्रिया के अंगों के प्रति प्रेमी के नेत्रों और मन के आतुर भाव का संकेत रूप-वर्णन के सन्दर्भ में देखा जा चुका है। इस प्रकार की आतुरता ही पूर्वराग को प्रगाढ़ करती है जो आनन्दघन के अनेक छन्दों में मुखर है। इस प्रकार पूर्व-राग का आरम्भ वहीं हो जाता है, जहाँ प्रेमी का मन प्रिया के रूप को देखकर अन्य स्थलों से उचाट हो जाता है—

> "जान की पीठि लखें घनआनन्द आनन आनतें होति उचाटी।"

अथवा उसकी पिंडलियों का मांसल सौन्दर्य देखता हुआ प्रेमी का मन उसके पाँवों से लग जाता है, कि प्रेमी के हाथ ही नहीं आता—

> "मन मेरो महाउर चायनि ज्वै तुव पायनि लागि न हाथ लगै।"

यह ललक भला कितनी देर बर्दाश्त करती ? उधर विलम्ब होना ही है, अत: पूर्वराग की स्थिति की पूर्ण सम्भावना है।

प्रिया को देख लेने से प्रेमी अपने को सब कुछ से अलग करके केवल एक आशा में जी रहा है कि उसको प्रिया के पाँवों में मेंहदी की तरह लग जाने का अवसर मिल जाय—

"साखा कुल टूटि ह्वै रंगीली अभिलाषा भरि,
परि द्वै पखान बीच घसनि घनी सहै।
सोच सूखी इतै मान आनि कै सलिल बूड़ै,
घुरि जाय चायनि ही हाय गति को कहै।
तऊ दुखदाई देखौ छिदति सलाकनि सों,
प्रेम की परख दैया कठिन महा अहै।
प्रिय-मनसा लौं वारी मिंहदी अनन्दघन,
एरी जान प्यारी नेकु पायनि लग्यौ चहै।"

प्रिया की रूपराशि देख लेने के बाद से ही प्रेमी की दशा यह हो गई है कि उसकी आँखों की टकटकी (दृष्टि-तार) टूटती ही नहीं। स्पष्ट है कि वह सामने नहीं है, फिर भी आँखें अनिमेष उसी पर केन्द्रित हैं—

"मृदु मूरति लाड़ दुलार भरी अंग अंग बिराजति रंग मई।
घनआनंद जोबनमाती दसा छबि ताकत ही मति छाक छई।
बसि प्रान सलोनी सुजान रही, चित्त पै हित हेरनि छाप दई।
वह रूप की रासि लखी, तब तें सखि आँखिन के हटतार भई।"

वे आँखें लाखों अभिलाषाओं का संचय करती रहती हैं और विचित्र बावलापन इनमें आ गया है—

"घनआनन्द मीत सुजान लखें अभिलाखनि लाखनि भाँति रई।
मुख-माधुरी पान कों आतुर पै अँखियाँ दुखियाँ कित भोरी भई।।"

जब से वह प्रिय आँखों में बस गया है, तब से सारा जगत सूना हो गया है—

"जबतें सुजान प्रान प्यारे, पुतरीनि-तारे,
आँखिन बसे हौ सब सूने जग जोहियै।"

प्रिय के रूप की लाग (चाह) में लिपटी हुई प्रेमी की आँखें उस रूप को मुंह से लगाए रहती हैं, फिर भी कभी तृप्त नहीं होतीं—

"ओछी बड़ी इतराति, लगी मुंह, नैंको अघाति न आँखि निपेटी।।"

दूर-दूर से देख लेना प्रेमी को और अधिक अतृप्त करता है। साथ ही एक कठिनाई यह है कि प्रिया अकेले में नहीं मिलती। अकेले वह मिले कैसे, उसके आसपास तो बहुत लोग हैं। अकेले में प्रिया को न प्राप्त कर सकने के कारण प्रेमी अपनी ही रीझ पर खीझता है—

"कित जाऊँ लै जान-सजीवन प्रान कों, आन के लेखें न छाहौं धिजौं ।
इहि साल दहौं नित ही दुख-ज्वाल', रू सोचनिलोचन वारि भिजौं ।
दुरि आपु न पैहूं इकौंसे मिलौं घनआनन्द यों अनखानि छिजौं ।
डर डीठिके नीठि न देखि सकौं सुअनोखिये रीझि पै रीझि खिजौं ॥"

प्रवास-विरह के समान ही वियोग की सभी दशाओं को पूर्वराग में दिखाने की अस्वाभाविक रूढ़ि आनन्दघन की रुचि को स्वीकार नहीं हो सकती थी, अतः लालसा और उसकी तृप्ति में विलम्ब से होने वाला कष्ट ही यहाँ पूर्वराग में वर्णित है।

संयोग श्रृंगार के प्रगाढ़ चित्र

आनन्दघन का काव्य प्रबन्ध नहीं है और न इन्हें किसी प्रकार की काव्य-रूढ़ि का अन्धानुकरण पसन्द है, इसलिए घटना के रूप में संयोग अथवा मिलन के वर्णन का सवाल नहीं उठता, किन्तु प्रिया के उत्तेजक सौन्दर्य, उसकी मुद्राएं, अंगभंगी, और इनके प्रति प्रेमी की आतुर पिपासा की अभिव्यक्ति आनन्दघन अनेक छन्दों में विलक्षण रूप में करते हैं।

प्रिया की सलज्जता प्रेमी के हृदय पर क्या ग़ज़ब ढाती है—

"घूंघट काढ़ि जो लाज सकेलति लाजहि लाजति है बिन काजनि ।
× × ×
देखत देखत दीसि परै नहिं यों बरसै घनआनंद लाजनि ।"

यह घूंघट लज्जा के अभिनय के रूप में प्रखर उद्दीपन का काम करता है। यह बिन काजनि (बिना ज़रूरत) लाज है, अर्थात् लाज का अभिनय है।

प्रिया रूप की लता है जो प्रेमी की दृष्टि के झकोरे से हिल-हिलकर लहकने और महकने लगती है। प्रेमी के हृदय का मंथन उसमें उत्पन्न रीझि कर रही है और उस पर प्रिया की फैली हुई बाँहों की आलिंगन-मुद्रा प्रेमी को मूढ़ बना देती है—

"लाड़लसी लहकै महकै अंग रूप-लता लगि दीठि झकोरै ।"
× × ×
"रीझि बिलोएई डारति है हिय, मोहति टोहति प्यारी अकोरै ।"

प्रिया की वाणी का तीखा आसव और उसके अंगों की मुद्राएँ प्रेमी के रोम-रोम में काम को जगाते रहते हैं—

"कंठ-कांच-घटी तें बचन चोखो आसव लै,
अधर पियालै पूरि राखति महेत है।
रूप मतवारी घनआनंद सुजान प्यारी,
कानन ह्वै प्रानिनि पिवाय पीवै चेत है।

छकेई रहत रैन द्यौस प्रेम प्यास आस,
कीनी नेम-धरम कहानी उपनेत है।
ऐसे रस-बस क्यौं न सोवै और स्वाद कहो
रोम-रोम जाग्यौई रहत मीनकेत है।"

और जब रोम-रोम में काम जगा हो तो दूसरे स्वाद अपने आप सो जायेंगे। फिर वह प्रिया जहाँ कानों के मार्ग से स्वर-संगीत का आसव पिलाती है उसके साथ ही प्रेमी के चेत (चेतना) को पी जाती है। उसकी चेतना विलुप्त हो जाती है। पीना साँप आदमी की साँस को पीता है और साथ ही उसे अपना जहर पिलाता जाता है।

इस तरह अवश हुआ प्रेमी का मन चाहता है कि—

"घनआनंद यौं बहुभांतिन हौं सुखदान सुजान समीप बसौं।
हित-चायनि च्वै चित चाहत है नित पायन ऊपर सीस घसौं॥"

कामना की तीव्रता का यह हाल है, उधर प्रिया अनमनी है। उसका अनमनापन प्रेमी को और रिझाता है—

"तेरी अनमाननि ही मेरे मन मानि रही,
लोचन निहारैं हेरि सौंहैं न निहारिबो।
कोरि कोरि आदर को करत निरादर है,
सुधा तें मधुर महा झुकि झिझकारिबो।
जीवन की ज्यारी घनआनंद सुजान प्यारी,
जीव-जीति लाहौ लहे तेरे हठ हारिबो।
रूखी रूखी बातनि हूँ सरसैं सनेह सुठि,
हिये तें टरे न ये अनखि कर टारिबो॥"

प्रिय की याचना पर प्रेमिका अनमनी हो जाती है। उसका यह अनमनापन ही प्रेमी के मन को मना है। प्रिया की झिड़की करोड़ों पुकार से मिलने वाले आदर का निरादर करती है। प्रिया के हठ के आगे हारना प्रेमी के लिए जीवन का सबसे बड़ा लाभ है। प्रिया की रूखी बातों से स्नेह टपकता है और प्रिया का (प्रेमी के बढ़े हुए) हाथों को झुंझलाकर हटा देना—यह तो कभी हृदय से हटता ही नहीं।

"कहे देत चित चीकनो नई रुखाई नैन।"—बिहारी

बिहारी के उक्त 'विरोध' से तुलना करने पर आनन्दघन के उपर्युक्त चित्र का मूल्य समझ में आता है।

प्रिया का झुंझलाकर प्रेमी के बढ़ते हुए हाथों के हटा देने के बांकपन का आस्वादन करना प्रगाढ़ राग में लिप्त प्रेमी का ही कार्य हो सकता है।

उधर प्रिया के अपार रूप में डूबता हुआ मन कोई अवलम्ब नहीं पाता, नहीं

पाता, डूबता ही जाता है—

"पानिप अनूप रूप जल कों निहारि मन,
गयौ हो बिहार करिबें को चाय ढरिकै।
पर्यौ जाय रंगनि की तरल तरंगनि मैं,
अति ही अपार ताहि कैसें सकै तरिकै।
धीर-तीर सूझत कहूँ न घनआनंद यौं,
बिबस बिचारो थक्यो बीच ही इहरि के।
लेस न सम्हार गहि केसनि मगन भयो,
बूड़िबे तें बच्यौ को सिवार कों पकरिकै॥"

शैवाल को पकड़कर कहीं डूबने से कोई बचा है ? यहाँ शैवाल को परम्परागत उपमान के रूप में ग्रहण करने में असमर्थ रसिक के लिए इस छन्द का चमत्कार बहुत आकर्षक नहीं होगा। किन्तु इस प्रकार के स्थिर चित्र आनन्दघन ने बहुत कम रचे हैं। उनकी विशेषता गति-चित्रों में प्रकट होती है।

वह भोली-भाली प्रिया अत्यन्त सुजान भी है। प्राणों को (प्रेमी के) अत्यन्त तीव्रता के साथ अपनी ओर खींचती है। उसकी हँसी प्रेमी के गले में फंदे की तरह फंस जाती है—

"रूप-गुन-ऐंठी सु अमैंठी उर पैंठी बैठी,
लाड़नि निरैंठी, मति बोलनि हरैं हरी।
जोबन-गहेली अलबेली अति ही नवेली,
हेली ह्वै सुरति बौरी आंचर टरैं टरी।
परम सुजान भोरी बातनि छकाए प्रान,
भावति न आन वेईं हियरा अरैं अरी।
फंद सी हंसनि घनआनंद दृगनि गरैं,
मुख सुखकंद मंद उघरि परैं परी॥"

उसकी भोली बातों में छका हुआ प्रेमी उसके मुख के किंचित् खुलने से ही अपने गले में फंदा पड़ा हुआ महसूस करता है। उसके आंचल के जरा से टलने (खिसकने—टरैं) से ही प्रेमी की सुधबुध बावली होकर उसे छोड़ जाती है।

उधर प्रिया के कटाक्ष मतवाले होकर धूम मचाये हुए हैं—

"रूप मतवारी घनआनंद सुजान प्यारी,
घूमरे कटाछि घूम करैं कौन पै घिरैं।"

उसकी भौंहों का चांचल्य प्रेमी को अनेक भावों के भेद बता देता है। वे विशाल नेत्र कटाक्ष की कलाओं में पंडित हैं—

"बंक बिसाल रंगीले रसाल छबीले कटाछि-कलानि मैं पंडित।"

आलस के कारण प्रिया के मुख से निकलती हुई अधकही बातें प्रेमी को

बेकाबू कर देती हैं—

"अंगराति जंभाति, लसैं सब अंग अनंगहिं अंग दियैं झलकैं।
अधरानि मैं आधिय बात धरैं लड़कानि की आनि परी छलकैं॥"

उस प्रिया को कभी हारने का अवसर नहीं मिला। उसका रूप अत्यन्त तेज़ खिलाड़ी है। (जुआ खेलने की प्रथा से दीवाली पर, इसलिए) वह रोज़ दीवाली का समाँ बाँधे रहता है—

"रूप-खिलार दिवारी कियें नित जोबन छाकि न सूधे निहारै।
नैंननि सैंन छलैं चित सों चित-चाव भर्यो निज दाव बिचारै।
जीति ही को चसको घनआनंद चेटक जान सयान बिसारै।
जीव बिचारो पर्यौ अति सोचनि हारि रह्यौ सु कहा फिरि हारै।"

प्रेमिका के रूप को जीतने की आदत है और प्रेमी के प्राण सोच रहे हैं कि अपना सर्वस्व तो हार चुके, अब क्या हारें ?

प्रेमी की आँखें हैं कि प्रिया के रूप को (विशेषतः उसके नेत्रों को) देखकर वहाँ से लौटतीं ही नहीं।

"तेरी सौं ए री सुजान तो आंखिन देखि, ये आंखि न आवति मोपैं॥"

इस प्रकार प्रिया की उद्दीपक शोभा और उसके अंगों की मुद्राओं के प्रति प्रेमी का मन, उसकी आँखें, उसके प्राण सब कुछ समर्पित हैं। अब वह अपने को पूरी तरह विवश पाता है।

ऐसे में एक अवसर आता है, प्रिया के साहचर्य का। होली के बहाने ही वह उसके अंगों को अपने अभीष्ट रूप में प्राप्त करने का अवसर पा जाता है—

"गोरी बाल थोरी बैस, लाल पैं गुलाल मूठि,
तानि कै चपल चली आनंद-उठान सों।
बायें पानि घूंघट की गहनि चहनि-ओट,
चोटनि करति अति तीखे नैन-बान सों।
कोटि दामिनीन के दलनि दलमलि पाय
दाय जीति आय झुंड मिली है सयान सों।
मीड़िबे के लेखे कर मीड़िबोई हाथ लग्यौ
सो न लगी हाथ रह्यौ सकुचि सखान सों।"

उसकी सारी चेष्टाओं से उद्दीप्त प्रेमी उसे पकड़ लेने को झपटता है। इस प्रक्रिया में उसके मन की अभिलाषा अनेक रूपों में भरी हुई है। प्रिया को पकड़-कर उसके कपोलों में गुलाल मलने से लेकर उसके अंगों के मर्दन तक की इच्छा। उधर वह है कि हाथ में आती-आती निकल गई। दूसरी पंक्ति की भाव-योजना विचित्र है।

कवि की योजना देखिए। प्रिया हाथ से छूट गई। प्रेमी के लिए 'मलने' के

नाम पर केवल 'हाथ मलना' ही हाथ लगा। 'मीड़िबे के लेखे' में प्रेमी के हृदय की सारी अतृप्त लालसा उँडेल दी गई है। हाथ मलने का मुहावरा अलग है।

इस तरह के चित्र कितने प्रगाढ़ राग से चित्त को रंजित करते हैं, कहने की आवश्यकता नहीं।

एक दूसरा अवसर है। प्रेमी प्रिया को पकड़ लेने की ताक में है। लेकिन उसके दाँव व्यर्थ हो जाते हैं क्योंकि वह प्रिया के रूप का छक कर पान करने के कारण होश में नहीं है। उधर प्रिया है, इतनी हावभावयुक्त और चंचल कि उसे अपनी छाया भी नहीं छूने देती। प्रिया के अपनी पकड़ में न आने पर असफल प्रेमी दुखी या निराश होने के स्थान पर और भी अधिक मुग्ध होकर अपने हौसले सजाने लगता है।

"दाँव तकै रस रूप छकै बिथकै गति पै अति चोपनि धावै।
चौंकि चलैं, ठठि छैल छलै, सु छबीली छराय लौं छाँह न छ्वावै।
घूंघट ओट चितै घनआनन्द चोट चितै अंगुठाहि दिखावै।
भावती गौं बस ह्वै रसिया हिय हौंसनि सौं सनि आँखि अंजावै॥"

इस चित्र के साथ 'केलि की राति अघाने नहीं दिनहूं मैं लला पुनि घात लगाई' जैसे छन्दों की तुलना करने पर इसकी ताज़गी स्पष्ट रूप से उभर कर सामने आती है।

प्रगाढ़ रागात्मक लगाव (इन्वाल्वमेंट) के साथ 'ऐन्द्रिय' (सेन्सुअस) चित्र का एक नमूना है। होली के अवसर पर प्रेमी प्रेमिका के कुचों का लक्ष्य करके रंग की पिचकारी तानता है। उधर प्रेमिका गुलाल की मूठ लेकर प्रेमी की ओर उचकी कि उसकी छातियां दलक उठीं (उरोजों में कम्पन हुआ)। इस दृश्य को (उरोजों की गति को) देखकर प्रेमी (घनाआनन्द) नशे में झूम उठे, उधर प्रिया कुलांच भरकर अचानक उचक गई। [पिचकारी का निशाना चूक गया]—

"रस-चौचंद चांचरि फाग मची, लखि रीझि बिकानि थकी जु चकी।
समुहाय तहीं हरि भामिनि त्यों पिचकी भरि ताक तकी कुच की।
उत मूठि गुलाल उठें उकसे सु लगें पहिलें छतिया दुचकी।
घनआनन्द घूमनि झूमि रहे गुलचाइल लै अचकां उचकी॥"

इस स्पष्टीकरण की आवश्यकता नहीं है कि 'हरि' से आशय केवल प्रेमी (आश्रय) से है।

पद्माकर के होली वाले चित्र इस चित्र के सामने फीके पड़ जाते हैं। इसमें प्रिया की गति पर तो ध्यान है ही, उसके एक अंग की गति पर प्रेमी की केन्द्रित दृष्टि और उसके परिणामस्वरूप उसका नशे में झूमकर रह जाना, घनआनन्द की प्रगाढ़ रागात्मकता का प्रमाण है।

एक दूसरा चित्र है जिसमें प्रिया की सुकुमारता के साथ ही प्रेमी की आतु-

रता का चित्रण किया गया है। इस वर्जना में आतुरता को बढ़ा देने की अपूर्व शक्ति छिपी हुई है—

"चातुर ह्वै रस आतुर होहु न, बात सयान की जात क्यों चूके।
ऐसी ठनाठनी ठानत हौ कित, धीर धरो न, परो जिन ढूके।
देखि जियौ, न छियौ घनआनन्द, कोंवरें अंग सुजान वधू के।
चोली चुनावट चीन्हैं चुभै चपि होत उजागर दाग उतू के॥"

प्रिया सुजान की अंतरंग सखी का कथन आतुर प्रेमी के प्रति है। वह कहती है कि चतुर होकर इतनी आतुरता क्यों दिखाते हो ? तुम्हें धैर्य धारण करना चाहिए। वधू सुजान के अंग अत्यन्त कोमल हैं। इतने कोमल हैं कि उन्हें छूना ठीक नहीं। देखकर ही जियो, धैर्य धारण करो क्योंकि तुम्हारे आलिंगन में कस कर कोमल अंगों पर चोली में बनी हुई कढ़ाई के दाग उभर आते हैं—

'देखि जियो' में परिहास का कितना मधुर रूप तथा प्रणय का कितना स्निग्ध चित्र अंकित हुआ है। स्पर्श न करने के लिए जो स्त्रीजनोचित कारण दिया गया है वह अन्तःकरण के प्रेम को और भी उद्दीप्त कर देता है।"[७]

इस कथन को स्वयं वधू के मुख से मानने में इतनी सरसता नहीं रह जाती। सारी वर्जनाओं के बावजूद प्रेमी का अभिलषित घटित होता है। 'शुद्ध सामीप्य' की प्राप्ति होती है, जिससे मिले हुए आनन्द का वर्णन नहीं हो सकता। उन अंगों को ही उस महासुख का पूरा अनुभव है जो एक-दूसरे में पूरी तरह समा गए हैं।

"मीत सुजान मिले को महासुख अंगनि भोय समोय रह्यो है।
स्वाद जगे रस-रंग-पगे अति, जानत वेई न जात कह्यो है।
द्वै उर एक भए घुरि कै घनआनंद सुद्ध समीप लह्यो है।
रूप-अनूप-तरंगनि चाहि तऊ चित चाह प्रवाह बह्यो है॥"

दोनों के प्रत्येक अंग शुद्ध सामीप्य लाभ करते हुए एक-दूसरे में खो गए हैं। उनके चित्त में, इतने पर भी, नवीन आकांक्षाओं के प्रवाह में नई रंगीन तरंगें उठती चली जा रही हैं।

इसी प्रकार शरीर की पूर्ण तृप्ति के बाद भी बढ़ते हुए मानसिक आकर्षण की तीव्रता की व्यंजना एक और छन्द में हुई है—

"पौढ़े घनआनन्द सुजान प्यारी परजंक
धरे घन अंक तऊ मनरंक गति है।
भूषन उतारि अंग अंगहि सम्हारि, नाना
रुचि के विचार सो समोय सीझी मति है।
ठौर ठौर लै लै राखैं औरे औरे अभिलाखैं,
बनत न भाखैं तेई जानैं दसा अति है।

मोद मद छाकैं घूमैं रीझि भीजि रस झूमैं ।
गहैं चाहि रहैं चूमैं अहा कहा रति है ।।

पर्यंक पर प्रिया को आलिगन में समेटे हुए भी प्रेमी के मन की की गति दरिद्र की तरह है । इतनी अतृप्ति, इतनी भूख है उसके मन में, इतनी अभिलाषाएँ एक-एक अंग में पुंजीभूत हैं—कि सबका वर्णन सम्भव नहीं है । रति का यह चित्र अद्भुत है जिसमें आनन्द की सीमा के साथ ही, अतृप्ति की असीमता का संकेत है । यह असीम अतृप्ति आनन्दघन के वियोग वर्णन की तीव्रता की कथा कहती है ।

उपर्युक्त छन्द की विशेषताएँ बताते हुए डॉ० बच्चनसिंह का कथन ध्यान देने योग्य है—"यहाँ पर शारीरिक और मानसिक आकर्षण का कैसा अपूर्व संयोग है । न तो इसमें पायल और बिछिया बजने की ध्वनि है और न सिसकियों के शोर की अस्वस्थता (मारबिडिटी)। फिर भी ऐन्द्रिय प्रभावोत्पादकता उन चित्रों की अपेक्षा इसमें कहीं अधिक है ।"[८]

एक दूसरा रति-चित्र है जिसमें क्रीड़ा-जनित आलस्य के रस का आ... पान करने के बाद इस विचित्र स्थिति में पड़े हुए हैं कि यह बताना कठिन है कि वे जाग रहे हैं, या सो रहे हैं—

"सोए हैं अंगनि अंग समोए सु भोए अनंग के रंग निस्यों करि ।
केलि-कला रस-आलस आसव-पान-छके घनआनन्द यों करि ।
प्रेम-निसा मधि रागत पागत, लागत अंगनि जागत ज्यों करि ।
ऐसे सुजान-विलास-निधान हैं सोए जगे कहि व्योरियै क्यों करि ।।"

एक दूसरा रति-चित्र है, जिसमें मन और शरीर की ललक, उनकी अनेक चंचल गतियाँ और अनुभावों का मूर्त-विधान किया गया है—

"केलि की कला निधान सुन्दर सुजान महा,
आनन समान छबि-छाँह पै छिपैये सौनि ।
माधुरी-मुदित मुख-उदित सुसील भाल,
चंचल बिसाल नैन लाज-भीजियै चितौनि ।
पिय अंग संग घनआनंद उमंग हिय,
सुरति तरंग रस-बिबस उर-मिलौनि ।
झूलनि अलक, आधी खुलनि पलक, स्रम,
स्वेदहि झलक भरि ललक सिथिल हौनि ।।"

इस प्रकार की अपूर्व तृप्ति के साथ ही अतृप्ति की असीमता आनन्दघन के रागलिप्त मन की कथा कहती है । वे 'कथा' नहीं कह रहे हैं जो किसी और नायक-नायिका के जीवन की घटनाओं या प्रेमानुभवों पर आधारित है, बल्कि उनके सामने अपने ही प्रगाढ़ रसानुभव के दृश्य-चित्र हैं, जो विरह में और भी स्पष्ट होकर वियोगी के हृदय का मंथन करते हैं ।

सुरतांत का एक चित्र पूर्ण तृप्ति के बाद भी प्रेमी के मन की अतृप्ति की झलक देता है। प्रिया अपने बिखरे वस्त्राभूषणों और शिथिल तृप्त अंगों को सम्हालकर नींद में पड़ी हुई है। चित्र की प्रस्तुति इस प्रकार की है कि दर्शक (प्रेमी) की अतृप्ति झलक जाती है—

"मद उनमाद स्वाद मदन के मतवारे,
केलि कै अवारि लौं सवांरि सुख सोए हैं।
भुजनि उसीसो धारि अंतर निवारि, जानु-
जंघनि सुधारि तन मन ज्यों समोए हैं।
सुपने सुरति पागैं महा चोप अनुरागैं,
सोए हू सुजान जागैं ऐसे भाव-भोए हैं।
छूटे बार टूटे हार आनन अपार सोभा
भरे रस-सार घनआनंद अहो ए हैं।।"

ऐसी तृप्ति अतृप्तिदायिनी प्रिया का वियोग ही इतना गम्भीर हो सकता है।

सुजान के प्रति आनन्दघन का असाधारण प्रेम इनके भक्त हो जाने के बाद भी तत्कालीन जनमानस में गूंजता रहा, जिसका प्रमाण कुछ ईर्ष्यालु लोगों द्वारा रचित भड़ौवा के छन्दों में मिल जाता है। डॉ० गौड़ ने पं० भवानीशंकर याज्ञिक से प्राप्त चार छन्दों को उद्धृत किया है।[६] इनमें से एक छन्द में आनंदघन के लिए कहा गया है कि—

"हुरकिनी सुजान तुरकिनी को सेवक है
तजि राम नाम वाको पूजे कामधाम है।"

एक दूसरे छन्द में उन्हें 'पाप को भवन करे अगम गमन' कहने के साथ एक अन्य छन्द में उन्हीं की शैली में उनकी ओर से सुजान के इजारबन्द की जूं बनने की अभिलाषा का वर्णन किया गया है—

"कबहूंक खुजावत में छुवती तिहिं आनंद कों तब हौं भरतो।
तब रेंगतो कोहुक अंगन पैं निज देह तिही रस सों भरतो।
कहूं चौंकि कै मागिन जो गहती तब हौं उन हाथन सों मरतो।
वह ईस कहूं घनआनंद को जु सुजान-हजार की जूं करतो।।"

इन छन्दों के साथ एक टिप्पणी भी मिलती है जिसमें लिखा है कि 'कायथ आनन्दघन महा हरामजादो हो। सु ब्रज की कटा में आयो। परन्तु अपजस वाको थिर है।'

इस टिप्पणी से और इन छन्दों से, जो किसी तथाकथित सदाचारी भक्त द्वारा कहे गए लगते हैं, इतना सिद्ध हो जाता है कि आनन्दघन का सुजान के प्रति प्रगाढ़ और असाधारण प्रेम उसी समय लोकविख्यात हो गया था। उनके आचरण को पापपूर्ण कहने और उनके प्रेम की भड़ैंती करने वालों के मन में आनंद

धन के प्रति चाहे जितनी घृणा रही हो, इतना स्पष्ट है कि कवि के इस प्रगाढ़ व्यक्तिगत लगाव के कारण कविता का बड़ा उपकार हुआ है। प्रिय के प्रति अडिग एकनिष्ठता के कारण उनको लम्पट भी नहीं कहा जा सकता। आनन्दघन को केवल प्रेम की पीर का कवि न मानकर उनके छन्दों में अभिव्यक्त होने वाले सम्पूर्ण प्रणय-दृश्य को एक साथ देखने पर सहज ही कहा जा सकता है कि प्रणय-काव्य की दृष्टि से हिन्दी साहित्य में उनका कोई प्रतिद्वन्द्वी नहीं है।

विरहानुभूति की विकासात्मक स्थितियाँ

सौन्दर्य, आसक्ति, पूर्वराग और मिलन के चित्रों में आनन्दघन के प्रेमी हृदय की जो प्रगाढ़ रागलिप्त विशेषता प्रकट हुई है वही वस्तुतः उनकी प्रेम-पीर को इतनी तीव्रता देने का कारण है। इस बात का संकेत पहले ही वियोग के सम्बन्ध में विचार करते हुए किया जा चुका है। यहाँ मिलन के बाद क्रमशः आने वाले वियोग प्रसंगों में विकासात्मक स्थितियों का निदर्शन कराना ही अभीष्ट है।

प्रवासी प्रिय और अपने बीच की दूरी इतनी बड़ी है कि वहाँ तक बातें पहुँचाने या वहाँ की बातें सुनने की भी सम्भावना नहीं है।

"बात के देस तें दूरि परे, नियरे सियरे हियरे दुख दाहे।"

इतनी दूर पर बसे प्रिय के पास सन्देश भेजना वैसे भी सम्भव नहीं है। इधर सन्देश भेजने का प्रयत्न भी किया जाय तो बाधाएँ अनेक हैं—

"कहौं जौं संदेशो ताको बड़ोई, अंदेसो आहि,
न्हानै मन बारे की कहैऽब को सुनै सु कौन।
निधरक जान अलबेले निखरक ओर,
दुखिया कहैऽब कहा तहां को उचित ही न।
परदुख-दल के दलन कौ प्रभंजन हो,
ढरकौंहे देखि के बिबस बकि परी मौन।
इत की भसम दसा लै दिखाय सकत जू,
लालन सुबास सौ मिलाय हू सकत पौन।"

पवन की आर्द्रता (ढरकौंहे स्वभाव) को देखकर वियोगी को इतना कहने का साहस होता है कि वह (पवन) चाहे तो यहाँ की भस्म (भसम दसा) को उड़ाकर प्रिय के सामने कर दे, उसे दिखा दे और प्रिय के अंगों से निकली सुगन्ध से उसे मिला दे।

पवन से ही एक दूसरे छन्द में प्रार्थना की गई है कि वह प्रिय के पाँवों की धूल ला दे जिसे वियोगी अपनी आँखों में भरकर उनके ताप को शान्त कर लेगा—

"विरह-विथा की मूरि आँखिन में राखों पूरि
धूरि तिन पायन की हा हा, नैकु आनि दै।"

ऐसे ही दूसरों के कार्य के लिए ही देह धारण करने वाले बादल से प्रार्थना की गई है कि कभी वह वियोगी के आँसुओं को लेकर उस विश्वासघाती सुजान के आँगन में बरसा दे—

"परकाजहिं देह को धारें फिरो परजन्य जथारथ ह्वै दरसौ।
निधि-नीर सुधा के समान करौ सबही विधि सज्जनता सरसौ।
घनआनन्द जीवनदायक हौ कछू मेरियो पीर हिये परसौ।
कबहू वा बिसासी सुजान के आँगन मो अंसुवानि को लै बरसौ।"

पवन और मेघ की अतिशय उदारता और परोपकारी स्वभाव के कारण उनसे (सीधे सन्देश तो नहीं भेजा गया है पर) निवेदन किया गया है कि प्रिय के पाँवों की धूल या उनके शरीर की गन्ध का एक झोंका ही ला दें और वियोगी दशा को सांकेतिक रूप में प्रिय तक पहुँचा दें। इन छन्दों में सन्देश भेजने की अपेक्षा प्रिय के साहचर्य वाली धूल या गन्ध की कामना अधिक प्रबल है।

पत्र लिखने की सम्भावना और भी कम है। एक तो 'मन से लेकर मुख तक' बड़ा फेर (अन्तर है) है। मन की बात मुख से कही जाय तो वह इतनी हल्की हो जाती है कि 'बखाने ते जाय परे दिन राति को अन्तर'। किसी तरह पत्र लिखने की बात सोची जाय तो वहाँ भी बाधा है। नेत्रों का प्रवाह कभी रुकता ही नहीं, न दृष्टि आँसुओं के पार देख पाती है। पत्र लिखा कैसे जाय?

"घनआनंद जान अनोखी दसा, न लखौं दई कैसे लिखौ पतियाँ।
नित सावन दीठि सु बैठक में टपके बरुनी तिहि ओलतियाँ।"

पत्र लिखने का प्रबन्ध हो भी जाय तो मन में जो बातें हैं, उनका बाहर आना सम्भव नहीं है—

"मन तें मुख लौं नित फेर बड़ो कित ब्यौरि सकौं हित की बतिया।
घनआनंद जीवन प्रान लखौ सु लिखौ केहि भाँति परै परिया।"

पत्र लिखना सम्भव नहीं है। उधर वियोगी को लगता है कि प्रिय के सामने तो अपना हृदय-रूपी पत्र ही खोलकर रख दिया था, जिसे उसने बिना बाँचे टुकड़े-टुकड़े करके डाल दिया—

"पूरन प्रेम को मंत्र महा पन जा मधि सोधि सुधारि कै लेख्यौ।
ताही के चारु चरित्र विचित्रनि यौं पचि कै रचि राखि बिसेख्यौ।
ऐसो हियो हित पत्र पवित्र जु आन कथा न कहूँ अवरेख्यौ।
सो घनआनंद जान अजान लौं टूक कियौ पर बाँचि न देख्यौ।"

अनजान में हृदय-पत्र नहीं फाड़ा गया है। जानबूझ कर अनजान बनते हुए निठुर प्रिय ने ऐसा कठोर कर्म किया है। उसके पास पत्र भेजने का क्या लाभ? अतः सन्देश, पत्र, सब व्यर्थ।

फिर भी वियोगी की आशा तो ऐसी है कि मरने पर भी नहीं छूटेगी।

इसी अमित आशा के कारण वह ऐसा भी सोचता है कि प्रिय चाहे जितना निर्दयी हो, मेरी दशा देखकर उसके मन में दया उत्पन्न हो ही जाएगी।

इसी आशावादिता का परिणाम है कि वियोगी को (न जाने क्यों) ऐसा लगा कि प्रिय ने आने की आशा बंधा दी है। (अन्तःकरण ही प्रमाण है) आशा की झिलमिलाहट में तड़प की तीव्रता बढ़ गई है।

"जब तें तुम आवन-आस दई तब तें तरफौं कब आयही जू।
मन-आतुरता मन ही मैं लखौं मनभावन, जान सुभाय हो जू।
बिधि के दिन लौं छिन बाढ़ि परे यह जानि वियोग विताय हो जू।
सरसौ घनआनंद वा रस कौं जु रसा रस सों बरसाय हो जू।"

इस अमूर्त आशा ने मूर्त रूप ले लिया है, यह जानकर कि प्रिय ने लौटने की कोई अवधि निश्चित कर दी है। पहले तो कोई बात न पहुँचती थी, न आती थी। अब अवधि की सूचना आ गई है। इस सूचना से दर्शन की भूखी-प्यासी आँखों में लाखों अभिलाषाएँ भरने लगी हैं—

"अभिलाखनि लाखनि भाँति भरीं बरुनीन रुमांच ह्वै कांपति हैं।
घनआनंद जान सुधाधर-मूरति चाहनि अंक में चांपति हैं।
टग लाय रहीं पल पांवड़े कै सु चकोर की चोपहि झांपति हैं।
जब तें तुम आवनि औधि बदी तब तें अँखियाँ मग मापति हैं।"

आँखों का अपना अलग व्यक्तित्व है, वे एक अंग मात्र नहीं रह गई हैं। अवधि निश्चित हो गई। आँखें रास्ता नापते-नापते पथरा गईं। वियोगी को लगने लगा है कि वयस (आयु) सेना के लिए आगे जाने वाले सामान की तरह चलती जा रही है। अन्त में शरीर भी जाएगा। अब भी अवसर है, अगर प्रिय आ जाता—

"मग हेरत दीठि हिराय गई जबतें तुम आवन-औधि बदी।
बरसो कित हू घनआनंद प्यारे पै बाढ़ति है इत सोच-नदी।
हियरा अति औटि उदेग की आंचनि च्वावत आँसुनि मैन मदी।
कब आयहौ औसर जानि सुजान बहीर लौं बैस तो जाति लदी।"

अवधि की सूचना से आशा विश्वास में बदल गई है। वह विश्वास कभी-कभी सार्थक होता हुआ दिखता है। बादल आते हैं। बादलों के रूप में सघन आनन्ददायक प्रिय का स्वरूप उभर आता है। अभिलाषाओं के लाखों नये अंकुर फूटने लगते हैं।

"बरसें तरसें सरसें अरसें न, कहूं दरसें इहि छाक छई।
निरखें परखें करखें हरखें उपजीं अभिलाखनि लाख जई।
घनआनन्द ही उनए इनि मैं बहुभांतिन ये उन रंग रई।
रसमूरति स्यामहि देखत ही सजनी अँखियाँ रसरासि भई।।"

प्रिय के रूप की प्रतीति कराते, उसके आने के विश्वास को दृढ़ करके बादल आ गए हैं। आज पूरी प्रकृति कुछ और ही रंग की (अनोखे, नये आकर्षण से युक्त) लग रही है—

"आयो महारस पुंज भर्‌यो घनआनंद रूप-सिंगार के भौरें।
सींचत है हिय देस-सुदेस अपूरब आंखिनि ठानत ठौरें।
मोहन बाँसुरिया सी बजै मधुरे गरजैं धुनि मैं मति बौरें।
आज की मोरन की सजनी चित दै सुनि लै कछु बोलनि औरें।।

इन चित्रों को पूर्वराग की समाप्ति पर मिलन-प्रसंग के सन्दर्भ में भी रखा जा सकता है, किन्तु तब इनकी सूक्ष्म व्यंजकता समाप्त हो जाती है।

अगणित अभिलाषाओं से भरा वियोगी हृदय प्रियागम की प्रतीक्षा कर रहा है। अवधि की सीमा आ गई है। ऐसे में ये घन और उनको उमड़ता देखकर बोलते हुए मयूरों की बोली कुछ और तरह की लगे, इसका काव्यत्व अलग है।

विरहिणी के स्वप्न का, जिसमें पल भर के लिए प्रिय का साहचर्य प्राप्त होने की स्थिति आते-आते रह जाती है, वर्णन सूर जैसे रससिद्ध कवियों ने बड़ी करुणाजनक मार्मिकता के साथ किया है।

"मनो गोपाल आए मेरे गृह हँसिकर भुजा गही।
कहा कहौं बैरिन भई निंदिया निमिष न और रही।
ज्यौं चकई प्रतिबिम्ब देखिकै आनन्दी पिय जानि।
सूर पवन मिस निठुर बिधाता चपल कियो जल आनि।"

—सूरसागर

आनन्दघन में यह स्वप्नचित्र अभिलाषा की आवेगपूर्ण तीव्रता के नाते बिना प्राकृतिक बिम्ब-विधान के ही अत्यन्त मर्मस्पर्शी हो गया है।

"सोवत भाग जगे सजनी दिन कोटिक या रजनी पर वारे।
नेह-निधान सुजान सजीवन औचक ही उर-बीच पधारे।
सौतिन तें पिय पाय इकौसें भरे भुज सोच सकोच निवारे।
बैरिनि दीठि जरौ घनआनंद यौं जिय लै पल पाट उघारे।"[१०]

स्वप्न और यथार्थ की झिलमिलाहट 'उर-बीच' पधारने में अत्यन्त कलात्मक रूप में प्रस्तुत हुई है।

मौन की पुकार और अकथ गम्भीर वियोग-व्यथा ही आनन्दघन की अपनी विशेषता है। उनकी व्यथा कही जा सकने वाली नहीं है। मौन की पुकार ही अगर प्रवासी प्रिय तक पहुँचे तो पहुँचे, कोई दूसरा उपाय नहीं है उस वेदना की अभिव्यक्ति का, क्योंकि 'मन से मुख तक इतना फेर' है कि कह देने पर वास्तविक वेदना में और उसके कथन में दिन-रात का अन्तर पड़ जाएगा। यही कारण है कि विरह-वर्णन की रूढ़ियों को छोड़ना ही उन्होंने उचित समझा है।

उद्वेग, उन्माद, व्याधि, जड़ता और ऊहात्मक ताप-वर्णन या कृशता-वर्णन (जैसा बिहारी आदि में मिलता है) आनन्दघन में नहीं है। इसके आधार पर ही आनन्दघन को रीति के प्रभाव से बिल्कुल अलग माना जाता है। किन्तु संयोग की तरह वियोग-वर्णन भी कहीं-न-कहीं से परम्परा और परिवेश से प्रभावित अवश्य हो जाता है।

जिस प्रकार संयोग-वर्णन में प्रेम की प्रगाढ़ता और अनन्यता के बावजूद कुछ बातें ऐसी हैं जो आनन्दघन पर परम्परा और परिवेश का प्रभाव प्रमाणित करती हैं, उसी प्रकार वियोग-वर्णन में भी शास्त्रीय वियोग दशाओं तथा ऊहा की सीमा का स्पर्श इनके छन्दों में मिलता है यद्यपि वह औरों की तरह कृत्रिम नहीं लगता।

वियोग-वर्णन में परम्परा और परिवेश का प्रभाव

परम्परा के पूर्ववर्ती सूत्रों के सन्दर्भ में यह बात प्रमाणित हो चुकी है कि सूफी प्रभाव आनन्दघन पर हल्की प्रेरणा के रूप में है, इसके बावजूद उनके काव्य का विकास भारतीय साहित्य परम्परा के भीतर ही हुआ है।[11] जहाँ घाव करना, कलेजा काटना, नेत्रों की धार से धैर्य रूपी पर्वत का चूर-चूर होना जैसे वर्णन हैं, उन छन्दों पर फ़ारसी या सूफ़ी प्रभाव स्पष्ट है। "फ़ारसी में प्रेम या विरह का वर्णन करते हुए जिस प्रकार की अत्युक्तिपूर्ण शैली का प्रयोग किया जाता है वैसा ही घनानन्द ने भी किया है।"[12]

१. "गहि काढ़े करेजो कलापिन कूकैं।"
२. "कारी कूर कोकिला कहाँ को बैर काढ़ति री
कूकि-कूकि अबहीं करेजो किन कोरि लै।
३. "छिदी छतिया अकुलानि-छुरी।"
४. "पाती मधि छाती-छत लिखि न लिखाए जाहिं,
काती लै बिरह घाती कीने जैसे हाल हैं।"
५. "सुघराई-सान सों सुधारि मसि असि कसि,
कर ही मैं लियें निसवासर फिरत हैं।
तेरे नैन सुभट चुहट चोट लागें बीर,
गिरिधर धीरता कै किरचा करत हैं।" आदि

उक्त पंक्तियों को उद्धृत करते हुए विद्वानों ने आनन्दघन पर फ़ारसी प्रभाव[13] स्वीकार किया है। इस प्रकार की छाया कहीं-कहीं और भी स्पष्ट हो जाती है—

१. "अन्तर आँच उसास तचै अति, अंग उसीजैं उदेग की आवस।
ज्यों कहलाय मसोसनि ऊमस क्यों हूँ कहूँ सु धरै नहीं ध्यावस।"

२. "अधिक बधिक तें सुजान रीति रावरी है,
कपट-चुगो दै फिर निपट करौ बुरी।
गुननि पकरि लै, निपांख करि छोरि देहु
मरै न जियै, सो महा विषम दया-छुरी।"

"यहाँ पर वियोग की ज्वाला में सांसों का तप्त हो जाना और आवेगों की भाप में अंगों का उबलने लगना और पश्चात्ताप की उमस में जीव का तड़पना, तथा कृष्ण को बहेलिया बतलाकर पक्षी अर्थात् स्वयं का विद्ध होना, पंखों को उखाड़ दिया जाना और उनकी दया की छुरी से अपने अधमरे होने आदि का जो जुगुप्साजनक व्यापार है वह और कुछ नहीं फ़ारसी रंगत का ही परिणाम है।"[१४]

'इश्कलता' जैसी रचनाओं में तो शैली क्या वर्ण्य विषय तक को फ़ारसी परम्परा से प्रभावित माना गया है। "यहाँ पर माशूक का बेदरद होना, किशोर वय का (कमसिन) होना, उसकी आँखों के तीर से कवि का घायल होना, आशिक के हृदय पर दिलजान द्वारा छुरे का प्रहार किया जाना आदि बातें शुद्ध फ़ारसी प्रभाव से ओतप्रोत हैं। यहाँ पर शैली तो शैली वर्ण्य ही फ़ारसी प्रभाव से पूर्ण है। आशिक-माशूक के तर्ज की ऐसी चर्चा घनानन्द की कृतियों में जगह-जगह और बार-बार देखी जा सकती है।"[१५]

यहाँ केवल इतना कहना काफी है कि (1) इस प्रकार की रचनाओं से आनन्दघन का वह व्यक्तित्व नहीं बनता है जिसके कारण हिन्दी काव्य में वे अप्रतिम कहे जाते हैं।(2) अपनी मुख्य रचनाओं में आनन्दघन इस प्रकार की बातों को महत्त्व नहीं देते। वे केवल वियोगी की पीड़ा की अकथनीयता और मृत्यु के बाद भी प्रेमी की आशावादिता पर ही जोर देते हैं। इस कथ्य को उनकी व्यंजनापूर्ण और विरोधमूलक वचन-वक्रता और भी तीव्र कर देती है। यह तीव्रता पाठक की जरा-सी असावधानी से ऊहा जैसी लगने लगती है।

इसी प्रकार आनन्दघन के छन्दों में आसव, मद और मद के प्रभाव से घूमते हुए नेत्र आदि के जो वर्णन हैं, उनके आधार पर दरबारी प्रभाव भी विद्वानों द्वारा देखा गया है। "घनआनन्द मुहम्मदशाह रंगीले के मीरमुंशी (प्रायवेट सेक्रेटरी) थे, फलस्वरूप उन पर दरबारी वातावरण और मुगल रहन-सहन, आचार-विचार और सभ्यता की छाप का पड़ना स्वाभाविक था। घनआनन्द के विरह-वर्णन में दरबारी रंग-ढंग की झलक स्पष्ट है। उसमें कहीं मधुपान का वर्णन किया गया है तो कहीं वीणा की मीड़ का। इसी प्रकार लौंडी, डौंडी आदि शब्दों के व्यवहार भी मुसलमानी दरबार के वातावरण का सूचन करते हैं।"[१६]

आनन्दघन पर अपने परिवेश का प्रभाव बिलकुल नहीं था, ऐसा कहना तो उचित नहीं होगा, क्योंकि कोई भी रचनाकार अपने को परिवेश से पूरी तरह

अलग नहीं रख सकता। किन्तु दरबार के मीरमुंशी होने के नाते उन पर प्रभाव दूसरों से अधिक था, ऐसा मानना अनुचित है। बिहारी, पद्माकर की बात तो छोड़ दीजिए, सूर, तुलसी तक के काव्य में मुगल दरबारों का प्रभाव आनन्दघन की अपेक्षा अधिक स्पष्ट और गहरा है। पूरे मध्यकालीन काव्य पर मुगल दरबार की छाप देखी जा सकती है। यह अवश्य है कि कहीं वह गहरी है, कहीं एकदम हल्की। आनन्दघन की प्रवृत्ति से मेल खाने वाली उनके हृदय की अकथ कथा को मौन की सक्षम भाषा में उतार देने वाली जो रचनाएँ हैं उनमें इस प्रकार की छाप इतनी हल्की है कि उनका संधान बड़े यत्न से ही सम्भव है।

वैसे तो आनन्दघन की 'इश्कलता' जैसी रचना में अथवा फ़ारसी में मसनवी लिखने की मान्यताएँ[१७] उनके फ़ारसी ज्ञान और फ़ारसी प्रेम का प्रमाण हैं ही किन्तु उनकी विरहानुभूति की विशेषता फ़ारसी और सूफ़ी प्रभाव से कहीं आगे की चीज़ है। आनन्दघन के वियोग में शास्त्रीय विरह दशाएँ भी देखी जा सकती हैं।

१. अभिलाषा

आनन्दघन के छन्दों में वियोगी के मन और आँखों में भरी हुई लाखों अभिलाषाओं के संकेत बार-बार आते हैं।

१. "अभिलाषनि लाखनि भाँति भरे, हियरा-मधि साँस सुहावति ना।"

२. "चिर जीजै दीजै सुख कीजै मन-भायो मेरो,
मेरी अभिलाखन की निधि कों धरत हो।"

३. "अभिलाषनि लाखनि भाँति भरीं बरुनीन रुमांच ह्वै कांपति हैं।
जब तें तुम आवनि औधि बदी तब तें अँखियां मग मापति हैं।"

४. "मूरति सिंगार की उज्यारी छबि आछी भाँति,
दीठि लालसा के लोयननि लैलै आंजिहौं।
रति-रसना-सवाद-पांवड़े पुनीतकारी,
पाय चूमि-चूमि कै कपोलनि सों मांजिहौं।
जान प्यारे प्रान अंग-अंग रुचि रंगनि मैं,
बोरि सब अंगनि अनंग दुख भांजिहौं।
कब घनआनंद ढरौहीं बानि देखें सुधा,
हेत मन-घट-दरकनि सुठि रांजिहौं।"

मन में (वियोग के कारण) पड़ी हुई दरार को जोड़ने के लिए प्रिय की द्रवणशीलता का उपयोग काव्य की दृष्टि से अद्भुत है।

५. "अभिलाषनि पूरनि ह्वै उफन्यो मन तें मनमोहन पाय हो जू।"

इस प्रकार की अभिलाषाओं को व्यक्त करने वाले चित्र आनन्दघन के छन्दों में सैकड़ों की संख्या में हैं।

२. चिन्ता

अपनी असहनीय व्यथा के विषय में सोचना और किसी तरह प्रिय को पाने के उपायों के सम्बन्ध में चिन्ता अनेक छन्दों में व्यक्त हुई है। उपायों में विस्तार नहीं है, न बहुत उछलकूद है। गम्भीर व्यथा के अनुरूप ही चिन्ता की अभिव्यक्ति भी हुई है।

१. "घनआनन्द ऐसी दसानि थिर्‌यौ दुखिया जिय सोचनि सीस धुनै।
अब ऐसी भई उन जान हुई दई कूक करौ पै न कोऊ सुनै।"

इस प्रकार की चिन्ता उनके छन्दों में सर्वत्र है। एक छन्द में प्रयत्न की अत्युक्ति जैसी दिखाई पड़ती है।

"आगि जरौं अकि पानि परौं, अब कैसी करौं हिय का बिधि धीरौं।

× × ×

पाऊं कहाँ हरि हाय तुम्हैं, धरनी मैं धसौं कि अकासहिं चीरौं।"

किन्तु इस प्रकार के कथन में सचमुच धरती-आकाश को चीरने की बात नहीं कही गई है। वस्तुत: सामान्य प्रयत्नों की विफलता व्यंजित है कि करणीय प्रयत्न तो व्यर्थ हो गए। अब क्या करूँ कि तुम्हें पाऊँ? धरती में धँसना या आकाश फाड़कर उसमें प्रवेश कर जाना एक तो सम्भव नहीं, दूसरे उसके बाद भी तुम मिलोगे इसका निश्चय नहीं।

३. स्मृति

विरह की यह दशा आनन्दघन के छन्दों में सबसे अधिक व्यक्त हुई है। पहले कहा जा चुका है कि प्रिय के रूप, यौवन और उससे मिलने वाले अद्‌भुत आनन्द का अभाव ही आनन्दघन की उत्कट पीड़ा का कारण है। बार-बार संयोग की (सघन आनन्द देने वाले क्षणों की) स्मृतियाँ आकर उनके वियोग-दु:ख को बढ़ाती है। एक-एक रोम से प्रिय के नैकट्य का सुख भोगने वाले को अब प्रिय से इतनी दूरी पर रहना पड़ रहा है कि वह अलंघ्य है। पहले वस्त्राभूषणों की दूरी भी सह्य नहीं थी, अब अलंघ्य पहाड़ों की दूरियाँ हैं।

"तब हार पहार से लागत हे अब आनि के बीच पहार परे।"

इस प्रकार की तुलना स्मृति के कारण ही सम्भव है। वही स्मृति इनकी वेदना के मूल में है। उधर प्रिय है कि उसके हिस्से में भूलना ही पड़ गया है।

"इत बांट परी सुधि रावरे भूलनि कैसो उराहनो दीजिए जू।"

सुधि और भुला देने की आदत दो गुण हैं जिनमें से एक-एक प्रेमी और

प्रिय के हिस्से में पड़ गए हैं। प्रिय की सुधि प्रेमी के हिस्से में पड़ी है और प्रेमी को भुला देना प्रिय के हिस्से में।

प्रिय की वह स्मृति पसलियों में धँसे हुए तीर की तरह कसकती है—

"प्रीतम की सुधि अन्तर मैं कसकै सखि ज्यों पंसुरीनि मैं गांसी ॥"

"आलम और घनानन्द ने स्मृतिकथन के प्रसंग में उन रम्य प्राकृतिक स्थलों को सामने रखा है जहाँ नायक-नायिका का मिलन होता था। इनको देखने मात्र से इन कुंजों और करील वनों के साथ लिपटी हुई सारी सुखद स्मृतियाँ एक-एक कर स्मृतिपटल पर अंकित हो जाती हैं।[१८]

"वेई कुंज पुंज जिन तरें तन बाढ़त हो,
तिन छांह आए अब गहन सो गहिगो।
सुरति-सुजान-चैन-बीचिन सों सींची जिन,
बही जमुना, पै हेली, वह पानी बहिगो।"

कुंजों की वह छाया न रह गई। जमुना का वह पानी बह गया, जो सुजान की रति से मिलने वाले सुख की लहरों से सींच देता था।

स्मृति के मानसिक पक्ष पर आनन्दघन का ध्यान अधिक है। यही कारण है कि उनका विरह-वर्णन दूसरों की अपेक्षा अधिक मर्मवेधी है।

४. गुणकथन

प्रिय के गुणों की चर्चा करके अपने विरह-दुःख की वृद्धि कर लेना वियोगी हृदय का सामान्य लक्षण है। आनन्दघन में प्रिया के रूप-सौन्दर्य और उससे प्राप्त होने वाले परम सुख की चर्चा बार-बार आई है। वियोग में प्रिय से प्राप्त होने वाले सुखों से वंचित वियोगी को उसके उन गुणों के साथ ही अब उस प्रिय की निठुराई की बात ध्यान में आती है। प्रिय अब अपने गुणों को भूल गया है किन्तु उसके अगाध गुणों का स्मरण करके वियोगी अब भी आशान्वित हो उठता है—

"मनमोहन तौ अनमोह करौ, यह मोहित होत फिरै सु कहा।
अरु जौ अपढार ढरै न ढरै, गुन त्यों तकि लागत दोष महा।"

हे प्रिय, निठुराई तुम्हारा स्वभाव नहीं है। इस समय तुम निठुर बन गए हो। प्रिय के गुणों पर प्रेमी को इतना अगाध विश्वास है कि अपने मरने से अधिक चिन्ता उसे इस बात की है कि मेरे मर जाने पर प्रिय को लोग निठुर, स्नेहहीन कहेंगे।

"पै तुम्हें मति कोऊ कहौ हितहीन, सु या दुख बीच अमीच करैं।"

प्रिय के गुणों की माला वियोगी निरन्तर जपता रहता है—

"बिसरै छिन जो सु करै सुधि तो, गुन-माल बिसाल गुनै गनही।"

उन गुणों को सहज स्वभाववश धारण करने वाला प्रिय एक बार अपने गुणों को स्मरण कर ले तो उसकी आरोपित निठुराई सहज ही छूट जाएगी।

५. उद्वेग

सुख देने वाली वस्तुओं से जब दुःख मिलने लगता है, तब वियोगी की वह दशा उद्वेग की दशा कहलाती है। इसके अन्तर्गत कवियों ने प्रायः प्रचलित उद्दीपनों (चन्द्र, पवन, कुंज, कोयल, चातक आदि) तथा सुख विलास की सामग्री का उल्लेख किया है, जो संयोग में जितने अनुकूल लगते हैं, वियोग में उतने ही प्रतिकूल। इस प्रकार की उद्वेग दशा रूढ़ि बनकर रह गई है।

आनन्दघन ने उद्वेग की गम्भीर दशा का चित्रण किया है, किन्तु परम्परा-पालन मात्र के लिए उन्होंने वस्तु-परिगणन कहीं नहीं किया है। उद्वेग-वर्णन में भी उनकी दृष्टि विरह-वेदना की तीव्रता पर ही लगी रहती है—

"अन्तर उदेग दाह, आंखिन प्रवाह आंसू,
देखी अटपटी चाह भीजनि दहनि है।
सोइबो न जागिबो हो, हंसिबो न रोइबो हू,
खोय खोय आप ही मैं चेटक लहनि है।"

वियोगी की विकलता इतनी अधिक है कि जैसे वह साकार आकुलता के ही हाथों में पड़ गया है।

"अकुलानि के पानि पर्‌यो दिन रातिसु ज्यों छिनको न कहूं बहरै।
फिरिबोई करे चित चेटक चाक लौं धीरज को टिकु क्यों ठहरै।"

एक पल भी चैन नहीं है। उधर चांदनी जो धरती-आकाश को एक किए हुए है, आग की तरह वियोगी को जलाती है।

"है विपरीत महा घनआनंद अंबर तें धर कोंझर लाई।
जारति अंग अनंग की आंचनि जोन्ह नहीं सु नई अगिलाई॥"

कहीं चाँदनी प्रलय-समुद्र की तरह बढ़कर वियोगिनी को डुबाती है—

"जोन्ह प्रलै के पयोनिधि लौं बढ़ि बैरिनि आजु वियोगिनि बोरे।"

कोयल, मोर और पपीहा प्राणों के लिए संकट बने हुए हैं—

"कारी कूर कोकिला कहाँ को बैर काढ़ति री,
कूकि कूकि अबहीं करेजो किन कोरि लै।
पैंड़ परे पापी ये कलापी निसि द्यौस ज्यों ही,
चातक रे घातक ह्वै तू ही कान फोरि लै॥"

एक छन्द में रीतिबद्ध कवियों के समान संयोग में अनुकूल लगने वाली वस्तुओं की गणना है जो वियोग में दुखदायी हो गई हैं—

"सुधा तें स्रवत विष, फूल में जगत सूल,
तम उगिलत चंद, भई नई रीति है।

जल जारै अंग और राग करै सुरभंग,
संपति बिपति पारै बड़ी विपरीति है।
महागुन गहै दोषै, औषद हू रोग पोषै,
ऐसे जान रस मांहि विरस अनीति है।
दिनन को फेर मोंहि, तुम मन फेरि डार्यो,
अहो घनआनन्द ! न जानै कैसे बीति है।"

कहीं वियोगिनी प्रवासी प्रिय को सम्बोधित करके कहती है कि मेरे प्राणों के बहुत से ग्राहक तैयार हो गए हैं, ये प्राण तुम्हारी धरोहर हैं। आकर इन्हें सम्हालो, नहीं तो ये ग्राहक इन्हें ले जाएँगे। ये प्राणों के ग्राहक वे ही हैं जो संयोग में सुखद थे—

"मों अबला तकि जान, तुम्हें बिन, मों बल कै बलकै जु बलाहक।
त्यों दुख देखि हंसै चपला, अरु पौन हू दूनो विदेह तें दाहक ॥"

६. प्रलाप

दुःख की अधिकता के कारण अव्यवस्थित, अटपटी बातें करना प्रलाप कहलाता है। आनन्दघन ने इस विरह दशा का वर्णन नहीं किया है, जो उनकी गम्भीरता के अनुरूप ही है। उनका सम्पूर्ण विरह-विर्णन वियोग-विह्वल प्रेमी की उक्ति के रूप में हुआ है, इसलिए उसमें प्रलाप की सम्भावना नहीं रह जाती। अनेक छन्दों में ऐसी स्थितियाँ हैं जिनमें प्रेमी हाय-हाय करता घूम रहा है—

"ऐसे घनआनन्द बिहाय न बसाय दाय,
धीरज बिलाय बिललाय फिरौ हाय-हाय।"

७. उन्माद

जड़-चेतन में भेद करने की शक्ति की समाप्ति को उन्माद-दशा कहते हैं। विरही प्रायः चेतन-अचेतन में भेद न करके (मेघ जैसे जड़ से भी) अपनी कातर अवस्था का निवेदन करते पाये जाते हैं। आनन्दघन ने बावले होने का संकेत बार-बार दिया है। एकाध छन्दों में वियोग की उन्माद दशा का चित्रण स्वाभाविक रूप में हुआ है। आनन्दघन द्वारा वर्णित "उन्माद में किसी एक स्थिति का कथन न करके जिन अनेक स्थितियों का कथन किया गया है उनसे उन्माद में एक नाटकीयता आ गई है। उसके परिणामस्वरूप इस दशा का मूर्त रूप उपस्थित हो गया है। उन्माद की एक दूसरी मनोवैज्ञानिक स्थिति भी है। इस दशा में कभी तो व्यक्ति अचेतन स्थिति में होता है और कभी चेतन। 'अंकभरो' में नायिका की अचेतन दशा उन्माद का क्षण है—'चकि चौंकि परो' में प्रिय को न पा चकमकाकर चौंक पड़ने की चेतन दशा।"[१६]

"अंक भरो, चकि चौंकि परो, कबहूंक लरों छिनही मैं मनाऊं।
देखि रहौं, अनदेखे दहौं, सुख सोच सहौं जु लहौं सुनि पाऊं।

जान ! तिहारी सों मेरी दसा यह को समुझै अरु काहि सुनाऊं ।
यौं घनआनंद रैनि दिना न बितीतत, जानियै कैसे बिताऊं ।।"

८. व्याधि

दीर्घ निःश्वास, अत्यधिक दुर्बलता और पाण्डुरता आदि का वर्णन व्याधि के अन्तर्गत आता है। इस प्रकार की दशाएँ आनन्दघन के अनेक छन्दों में मिलती हैं।

१. "जियरा उड़्यौ सो डोलै हियरा धक्यौई करै,
पियराई छाई तन, सियराई हौं दहौं।"

२. "कहाँ ऐसी रांचनि हरदि केसू केसरि में,
जैसी पियराई गति पागियै रहति है ।।"

एक छन्द में वियोगिनी के पीले पड़ गए शरीर के लिए फूलों से भरी हुई तुरई की लता का उपमान प्रस्तुत है। तुरई के फूल खूब पीले होते हैं। बहुत से फूल एक साथ खिलते हैं तो लता का हरा रंग ढँक जाता है। पीला-पीला ही दिखाई देता है। छन्द की विशेषता यह है कि पीले रंग का नाम कहीं नहीं लिया गया है, केवल खिली हुई तुरई से पीलापन व्यंजित है—

"बलि नेकु भया करि हेरो हहा अबला किधौं फूलि रही तुरई।"

पत्रलेखन के सन्दर्भ में शरीर-ताप का वर्णन परम्परा से प्रभावित लगता है—

"पाती मधि छाती छत लिखि न लिखाए जांहि,
काती लै बिरह घाती कीने जैसे हाल हैं।
आंगुरी बहकि तहीं पांगुरी किलकि होति,
ताती राती दसनि के जाल ज्वाल-माल हैं।
जान प्यारे जौऽब कहूं दीजियै संदेसो तौऽब,
आवा सम कीजियै जु कान तिहिकाल हैं।
नेह-भीजी बातें रसना पै उर-आंच लागें,
जागें घनआनन्द ज्यों पुंजनि मसाल हैं।"

अन्तर यह है कि दीर्घ निःश्वास के साथ विरहिणी, बिहारी की नायिका की भांति, छः-सात हाथ आगे और पीछे झूलती हुई नहीं दिखाई गई है।

९. जड़ता

शरीर के अंगों तथा मन को चेतनाशून्य हो जाना पड़ता है जिसका वर्णन आनन्दघन में बहुत कम है। उनका प्रेमी मन तो कभी चेतनाशून्य होता ही नहीं। शरीर की समाप्ति के बाद भी जो मन आशा को नहीं छोड़ना चाहता, वह शरीर रहते चेतनाशून्य कैसे होगा ? नेत्रों के खुले रहने का वर्णन कुछ छन्दों में अवश्य हुआ है—

१. रैनि-द्यौस जागैं ऐसी लगीं जु कहूं न लागैं,
पन अनुरागैं पागैं चंचलता ह्वै गई।

२. नितही अंखियां उघरी बरसैं।

३. उजरनि बसी है हमारी अंखियानि देखो,
सुबस सुदेस जहां भावते बसत हो।

किन्तु इन चित्रों में वह 'जड़ता' नहीं है जिसका वर्णन परम्परागत रूढ़ रूप में हुआ है। जैसे—

"कौड़ा-आंसू-बूंद कसि सांकर-बरुनी-सजल।
कीने बदन निमूंद दृग मलंग डारे रहत।"—बिहारी

१०. मरण

वियोग में मरण का वर्णन वैसे भी स्वाभाविक रूप में ग्राह्य नहीं है। रस का विच्छेदक होने के कारण उसे निषिद्ध ही माना गया है। दूसरे आनन्दघन की प्रेम-परिकल्पना में मरण को इसलिए भी स्थान नहीं है कि प्रेमी मृत्यु को भी जीतने का धैर्य रखता है। मीन और पतंग जो प्रेम की अतिशयता के कारण मृत्यु का वरण करते हैं, उनको आनन्दघन कायर कहते हैं। वे उस पीड़ा का स्पर्श भी नहीं कर सकते —

"बिछुरे मिले मीन पतंग दसा कहां मो जिय की गति को परसैं।"

मीन और पतंग मृत्यु का वरण करके प्रेम की जिस पीड़ा से मुक्त पा लेते हैं, उसी पीड़ा को झेलने का धैर्य आनन्दघन में है। यही कारण है कि वियोगी के प्राण निकलते समय भी आंखों में प्रिय-दर्शन की आशा से अटक कर रह जाते हैं। इतना ही नहीं, मृत्यु ही ऐसे वियोगी के लिए मर गई है—

"बनी है कठिन महा, मोंहि घनआनंद यौं,
मीचौ मरि गई आसरो न जित ढूकियैं।"

मृत्यु कभी आती भी है तो प्रिय-दर्शन की तीव्र लालसा, जो वियोगी के हृदय में है, उसके सामने हार जाती है और वियोगी के प्रान प्रस्थान करने के बाद भी लौट आते हैं—

"जानि अनखौंहीं बानि लाडिले सुजान की सु,
करि हूं पयान प्रान फेरि फिरि जात हैं।"

इस प्रकार आनन्दघन की विरहानुभूति न सिर्फ शास्त्रोक्त विरह-दशाओं की सीमा पार कर जाती है, वह अपनी अकथ गम्भीरता में मृत्यु का भी अतिक्रमण कर जाती है। विचित्रता यह है कि इतने पर भी अस्वाभाविकता कहीं उनके विरह-वर्णन में नहीं आती।

पवनदूत, मेघदूत, उपालम्भ, विषम प्रेम का कथन, भाग्य का दोष, (इतने

पर भी) प्रिय के लिए आशीष-वचन आदि सम्पूर्ण परम्परागत पद्धतियों के एकाध छन्द आनन्दघन में मिल जाते हैं किन्तु इन सबसे उनके द्वारा वर्णित गम्भीर विरह-व्यथा में न तो किसी प्रकार की कृत्रिमता आती है, न कोई हल्का-पन आ पाता है।

उनके छन्दों का अन्तिम प्रभाव यही होता है कि प्रेमानुभूति की तीव्रता और विरहानुभूति की अकथ गम्भीरता जैसी आनन्दघन में मिलती है, वैसी रीतिकालीन अन्य कवियों में नहीं।

प्रेम के सम्बन्ध में आनन्दघन की अवधारणा

रीति-स्वच्छन्द कवियों के जिस वर्ग में आचार्यों ने आनन्दघन को रखा है उस वर्ग के कवियों के प्रेम की विशेषताएँ बताते हुए प्रायः स्वीकार किया गया है कि "इनका (स्वच्छन्द धारा वाले कवियों का) प्रेम मुख्यतः अशरीरी और मानसिक है। वैयक्तिकता के प्रभाव के कारण इनके प्रेम सम्बन्धी दृष्टिकोण को रोमैण्टिक प्रेम की संज्ञा दी जा सकती है।"[२०]

रूप-वर्णन और संयोग के सन्दर्भ में यह स्पष्ट हो चुका है कि आनन्दघन का प्रेम मानसिक तो है किन्तु अशरीरी उसे नहीं कहा जा सकता। पहले रूप और यौवन की ओर आसक्त प्रेमी प्रिय के शरीर और एक-एक अंग की गति पर मुग्ध हुआ। फिर संयोग का अवसर पाकर वह उस सौन्दर्य का भोग शुद्ध शरीर के स्तर पर करता रहा। जब उस प्रिय की शारीरिक रूप में प्राप्ति सम्भव नहीं रह गई, (मन में तो वह निरन्तर विद्यमान है ही) तो प्रेमी का कष्ट बढ़ गया। मूलतः वह कष्ट शरीर का है, एक-एक अंग का है जिन अंगों ने प्रिय का साहचर्य सुख भोगा है। इस बात को अभिलाषा वाले चित्रों में देखा जा सकता है—

"मूरति सिंगार की उजारी छबि आछी भाँति,
दीठि लालसा के लोयननि लै लै आंजिहौं।
रति-रसना-सवाद-पांवड़े पुनीतकारी,
पाय चूमि चूमि कै कपोलनि सों मांजिहौं।
जान प्यारे प्रान अंग-अंग रुचि रंगनि मैं,
बोरि सब अंगनि अनंग दुख भांजिहौं।
कब घनआनंद ढरौंहीं बानि देखें सुधा,
हेत मन-घट-दरकनि सुठि रांजिहौं।"

एक-एक अंग की ललक शरीर के स्तर पर ही अभिलाषा की प्रगाढ़ता सूचित करती है।

आनन्दघन का प्रेम केवल मानसिक प्रेम कभी नहीं रहा है। उसकी प्रगाढ़ता सदैव मानसिक रूप में प्राप्त प्रिय को शारीरिक रूप में प्राप्त करने को

लालायित रहती है। आंखों को रूप-वाहक कहा गया है। सूरदास की गोपियां विरह-बेलि बोने के लिए नेत्रों को कोसती हैं—

"इन नैना बिरह की बेलि बई।
सींचत नैन नीर के सजनी मूर पताल गई।।" —सूरसागर

आनन्दघन के विरह-व्याकुल प्रेमी को मन से यही शिकायत है कि प्रिया को उसने वहीं बिठा लिया है। नेत्रों के सामने (सशरीर) प्रिय को कभी उपस्थित नहीं करता—

"नैन कहै सुनि रे मन, कान दै क्यों इतने गुन मेटि दयो है।
सुन्दर प्यारे सुजान को मन्दिर बावरे तू हमहीं ते भयो है।
लोभी तिन्हैं तनको न दिखावत ऐसो महामद छाकि गयो है।
कीजियै जू घनआनन्द आय कै पाय परौं यह न्याय नयो है।"

आंखों का और मन का झगड़ा ही यही है कि प्रिय के रूप से परिचय कराया आंखों ने और अब मन ने अपने को उस रूप का मन्दिर बना लिया है (प्रिय मन-मन्दिर में है, किन्तु उसे बाहर देखने की ललक आंखों को है) जिस माध्यम (नेत्रों) से मन को यह अवसर मिला, उन्हीं नेत्रों को मन से वंचित कर दिया है। प्रिय का प्रत्यक्ष दर्शन ही अभीष्ट है।

आनन्दघन का प्रेम शरीर के स्तर से ही आरम्भ होता है और विरह में असाधारण तीव्रता के कारण भी (सम्पूर्णता के साथ प्राप्त) शरीर के अनुभव ही हैं। विशेषता यह है कि विरह-दुःख की तीव्रता का जो प्रकाशन उनके छन्दों में हुआ है वह शारीरिक दुःख-ताप की ऊहात्मक रूढ़ियों से आगे बढ़कर दुःख की सघनता के कारण मानसिक विकलता की वृद्धि की ही व्यंजना करता है। विरही के दुःख का जो रूप छन्दों में अभिव्यक्त हुआ है वह शारीरिक उछलकूद या जाड़े की रात में लू चलाने वाला अथवा गुलाबजल की शीशी की धारा को भाप बनाकर ऊपर से ही उड़ा देने वाला नहीं है। वह राग की प्रगाढ़ता के कारण प्रिय के अभाव में मिलने वाले कष्ट को अनिर्वचनीय बना देता है। प्रिय का रूप असाधारण है। उसके प्रति आसक्ति उतनी ही तीव्र है। उससे मिलने वाला सुख वैसा ही अद्भुत आनन्द देने वाला है। इसीलिए उसके न होने का दुःख भी अकथ और अपरिसीम है। आनन्दघन के वियोग की मार्मिक अभिव्यक्ति का रहस्य उनके पूरे प्रेम-प्रसंग को एक साथ देखने पर ही खुलता है।

शारीरिक और लौकिक प्रेम किस तरह अलौकिक ऊँचाई प्राप्त करता है, यह आनन्दघन के छन्दों में व्यक्त हुआ है। लौकिक दृष्टि से आदर्श माने जाने वाले प्रेमी—मीन और पतंग—उस 'प्रीति-रीति' को नहीं समझ सकते जो 'इस' प्रेमी के लिए सहज ही ग्राह्य है। वे दोनों (मीन-पतंग) तो उस दुःख से छूटने के लिए मृत्यु का वरण कर लेते हैं। यहां प्रेमी मृत्यु को पीछे छोड़ देता है।

मृत्यु के बाद भी प्रिय-दर्शन की आशा रूपी रस्सी प्रेमी की उसांस के गले में पड़ी रह जाती है। वियोगी की वेदना को देखकर मृत्यु ही मर जाती है। वह अपनी उस अकथ व्यथा को झेलता रहता है।

आनन्दघन के प्रेम को प्राय: अनुभयानिष्ठ[२१] या विषम प्रेम[२२] कहा गया है। विरह-वर्णन के छन्दों में प्रेमी की दुर्दशा और प्रिय की निठुराई के सम्बन्ध में आनन्दघन ने बहुत कुछ कहा है। उपालम्भ की अनेक बातें बहुत से छन्दों में मिलती हैं, जिनसे उनके विषम प्रेम का पता चलता है। इस विषमता से विद्वानों ने यहाँ तक निष्कर्ष निकाल लिए हैं कि "उनका निजी जीवन ही विरोधों और विषमताओं का जीवन रहा, सुख से उन्हें जैसे भेंट ही न हुई थी, कम-से-कम अन्तर्साक्ष्य से तो यही प्रमाणित होता है। उन्हें सुजान की चाह थी और सुजान उन्हें न मिली, सुजान से उन्होंने सर्वात्म भाव से प्रेम किया पर उसने इनका साथ न दिया, यों कहिए कि इन्हें ठुकरा दिया।"[२३]

सौन्दर्य-वर्णन और संयोग के सन्दर्भ में यह देखा जा चुका है कि आनन्दघन का अनुभव उपर्युक्त कथन से भिन्न है। उन्हें प्रिया और उसके साहचर्य-सुख की उपलब्धि असाधारण रूप में हो चुकी थी। उसी तृप्ति के अभाव में उनकी वियोग-व्यथा इतनी असाधारण है। अत: इस प्रकार का निर्णय असंगत है कि आनन्दघन को कभी सुख से भेंट नहीं हुई। सुख से भेंट न होने पर उसके अभाव में इतनी गहराई कभी नहीं आ सकती थी। संयोग के चित्र तो उनके संयोग-सुख के प्रमाण हैं ही, वियोग के चित्र भी प्रकारान्तर से उनके असाधारण संयोग-सुख के प्रमाण हैं। वियोग-वर्णन में उनके प्रेम की विषमता उभरकर सामने आती है। परिस्थितियों का दबाव रहा हो या बाद में सुजान का प्रेम इनके प्रति कम हो गया हो, जो भी कारण हो, इन्हें वियोग-दु:ख झेलना पड़ा। उसी दु:ख के कारण इनकी कविता इतनी मार्मिक हो सकी है। वियोग में ही प्रेमी की (और प्रेम की भी) परीक्षा होती है। आनन्दघन के मन का प्रेमी इस परीक्षा में पूर्णत: खरा उतरता है। वह इस क्षेत्र के अन्य आदर्शों (मीनता और शलभता) को बहुत पीछे छोड़ देता है।

प्रेम की अकथ पीड़ा की मधुरता सब लोग नहीं समझ सकते।

"चाह मीठी पीर जिन्हें उठति अनन्दघन,
तेइ आंखें साखें और पाखें कहा जानहीं।"

सभी आंखें आंखों के आकार-प्रकार की तो होती हैं, उनमें वह प्रेम-दृष्टि नहीं होती, जो आनन्दघन की विशेषता है। ऐसे स्नेही संसार में मिलते ही कहाँ हैं?—

"इकतो जग-मांझ सनेही कहाँ, पै कहूँ जो मिलाप की बास खिलै।
तिहि देखि सकै न बड़ो विधि कूर, वियोग समाजहि साजि चलै।

घनआनंद प्यारे सुजान सुनौ, न मिलौ तो कहौ मन काहि मिलैं।
अमिले रहिबो लै मिले तें कहा, यहि पीर मिलाप मैं धीर गिलैं।"

आनन्दघन यहाँ जिस प्रिय की बात करते हैं, वह निठुर नहीं हो सकता। फ़ारसी के शायरों के माशूक की तरह आशिक को तड़पाना उसकी प्रवृत्ति नहीं हो सकती। कवि स्पष्ट कहता है कि संसार में प्रेमियों को स्नेही नहीं मिलते (सुन्दर रूप वाले तो मिल सकते हैं।) तुम मिल गए हो (स्पष्ट संकेत है कि प्रिय सुन्दर तो है ही, स्नेही भी है।) अब अगर तुम भी मिलाप (संयोग) में रुचि न लो, तो मेरा (प्रेमी का) मन क्या करे?

आनन्दघन अपने प्रिय को बार-बार जान, सुजान, जानराय, ढरकौंही बानि वाले (द्रवणशील चित्त वाले) कहते हैं जिसका स्पष्ट संकेत है कि प्रिय की निठुराई परिस्थितिवश है, स्वभावगत नहीं है। प्रेमी को उसकी कोमलता का अनुभव भी प्राप्त हो चुका है। अब वियोग का दुःख तब मिटे जब प्रिय आरोपित कठोरता का त्याग करके पुनः अपने स्वभाव में आ जाय।

"बरसौ घनआनंद जीवन कों सरसौ सुधि चातक छीनन की।
मृदु तो चित के पन पैं इत के निधि हौ हित के, रुचि मीनन की।"

और—

"सब ही विधि जान, करौ सुखदान, जियावत प्रान कृपा-तन हौ।"

ऐसा प्रिय स्वभाव का निठुर कैसे कहा जा सकता है।

वियोग के दुसह दुःख को झेलते हुए भी उसके 'कारण रूप' प्रिय को कठोर और निठुर स्वभाव के स्थान पर कोमल चित्त मानने वाली आशावादिता आनन्दघन के प्रेम में ही हो सकती है। यहीं पर उस प्रेम-दृष्टि की विशेषता प्रकट होती है जो मीन और पतंग के पास नहीं है। वे दुःख को देखकर प्राण त्याग देते हैं। यहाँ प्रेमी दुःख की किसी सीमा को इतनी बड़ी नहीं मानता कि उसकी आशा समाप्त हो जाय।

शारीरिक स्तर से आरम्भ होकर इतनी सूक्ष्म मानसिक दशा तक पहुँचने वाला प्रेम निश्चय ही लौकिक प्रेम की सीमा से ऊपर उठ जाता है। पहले संकेत किया जा चुका है कि आनन्दघन सूफ़ियों की तरह शारीरिक प्रेम के विकास की चरम परिणति के रूप में ही ईश्वरीय प्रेम को स्वीकार करते हैं। इस स्थल पर यह बताना उचित है कि आनन्दघन की परिकल्पना में शारीरिक और ईश्वरीय प्रेम का सम्बन्ध मौलिक है। एक छन्द में उन्होंने अपने लौकिक प्रेम (प्रिय के प्रति प्रेमी के भाव) का सम्बन्ध राधा-कृष्ण के शाश्वत प्रेम से इस प्रकार स्थापित किया है—

"प्रेम को महोदधि अपार हेरि कै, बिचार
बापुरो हहरि वार ही तें फिरि आयो है।

ताही एकरस ह्वै बिबस अवगाहैं दोऊ,
नेही हरि राधा, जिन्हैं देखें सरसायो है।
ताकी कोऊ तरल तरंग संग छूट्यौ कन
पूरि लोक लोकनि उमगि उफनायो है।
सोई घनआनंद सुजान लागि हेत होत,
ऐसे मथि मन पै सरूप ठहरायो है।"

विचार (ज्ञान-विवेक) बेचारा जिस प्रेम-पयोधि को देखकर किनारे से ही लौट आता है, वह सागर राधा और कृष्ण को देखकर पुलकित होता है जो एकरस होकर उस सागर का अवगाहन करते हैं। उसी प्रेम-पयोनिधि की एक बूंद छिटक कर संसार को भर देती है और उफन पड़ती है। वही (भाव) आनन्दघन और सुजान के लिए हेत (प्रेम-लगाव) है, ऐसा स्वरूप (अपने प्रेम का) मन को मथकर (कवि ने) स्थिर किया है।

इस छन्द में दो बातें बहुत स्पष्ट हैं। पहली यह है कि राधा और कृष्ण का प्रेम अलौकिक और दिव्य है। वे जिस सागर में अवगाहन करते हैं उसकी बूंद मात्र सारे संसार के लिए पर्याप्त है। वही सुजान और आनन्दघन के लिए हेत (सांसारिक प्रेम) के रूप में व्यक्त होता है। दूसरी यह है कि भक्ति के लिए आनन्दघन को इस बात की आवश्यकता नहीं है कि वे अपने मन के सांसारिक वासना-भाव का राधा और कृष्ण के नाम पर खुला वर्णन करें। रीतिकाल के अधिकांश कवियों की भक्ति पर यही कलंक है कि राधा और कृष्ण उनके लिए केवल नर और नारी के प्रतीक हैं। उनके लिए इन कवियों के मन में कोई भक्ति नहीं है। आनन्दघन के साथ यह बात बिल्कुल दूसरे रूप में लागू होती है।

विनम्रतापूर्वक निवेदन करना आवश्यक लगता है कि कुछ विद्वानों ने घन-आनन्द के लौकिक और ईश्वरीय प्रेम को अलग करके नहीं देखा है जिसके परिणामस्वरूप शारीरिक आसक्ति को व्यक्त करने वाले प्रिया सुजान सम्बन्धी छन्दों के ऐन्द्रिय रूप-वर्णन को राधा के साथ जोड़ दिया गया है। उदाहरण के लिए निम्नलिखित छन्द को लिया जा सकता है—

"चातुर ह्वै रस-आतुर होहु न बात सयान की जात क्यों चूके।
ऐसी अठाननि ठानत हौ कित धीर धरौ न परौ जिन ढूके।
देखि जियौ न छियौ घनआनन्द कोंवरे अंग सुजान वधू के।
चोली-चुनावट चीन्हें चुभै चपि होत उजागर दाग उनू के।"

इस छन्द को डॉ० मनोहरलाल गौड़ ने अपने शोधप्रबन्ध में साम्प्रदायिक भक्ति के अन्तर्गत राधा के लिए मानकर उद्धृत किया है।[२८]

यदि इस कथन को राधा के लिए स्वीकार किया जाय तो आनन्दघन और रीतिकाल के अन्य कवियों में कोई अन्तर नहीं रह जाएगा। एक अन्य बात यह

कही जा सकती है कि साम्प्रदायिक मधुरोपासना में राधा-कृष्ण के लिए इससे भी अधिक खुले शृंगार का वर्णन है और आनन्दघन की इस प्रकार की रचनाएँ भी हैं। तब इसमें क्या आपत्ति है? आपत्ति यह है कि सुजान के विषय में कहे गए छन्दों में आनन्दघन की ऐन्द्रिय दृष्टि बहुत साफ उभरती है अतः उनकी दोनों प्रकार की रचनाएँ (शृंगार और भक्ति की) बिल्कुल अलग-अलग हैं। सम्प्रदाय वाली रचनाओं में कवि ने राधा का सीधे नाम लिया है। भक्त हो जाने के बाद आनन्दघन कभी राधा की चोली की सिलाई के दाग उनके उरोजों पर देखने का इस रूप में वर्णन नहीं करते। इस सम्बन्ध में निवेदन है कि सुजान-हित को आनन्दघन के 'शृंगार' के अन्तर्गत ही रखा जाय तो उनके साथ न्याय किया जा सकता है।

आनन्दघन का प्रेम पूरी तरह लौकिक और शारीरिक है। शारीरिक होते हुए भी उनका प्रेम पूर्ण गम्भीर है। वियोग में प्रिय की निष्ठुरता के बावजूद पूर्णतः एकनिष्ठ है और शारीरिक स्तर पर पूर्णतः ऐन्द्रिय (सेन्सुअस) होते हुए भी गहरी मानसिकता लिए हुए है। यही आनन्दघन के प्रेम की विशेषता है जो उनके वर्ग के कवियों से भी उन्हें अलग कर देती है। इस स्थल पर दो कवियों से आनन्दघन की तुलना की जा सकती है। छायावाद के अन्तर्गत प्रिय-विरह में मिलन का सुख प्राप्त करने वाली महादेवी वर्मा का प्रेम ऐन्द्रियता का स्पर्श कहीं नहीं करता इसीलिए उसमें प्रखर व्यक्तिनिष्ठता का अभाव है। वह शृंगार काव्य के रूप में स्वीकार्य नहीं हो सकता, हालांकि उसमें विरह की ही चर्चा है। दूसरी ओर आनन्दघन के परवर्ती किन्तु उन्हीं के वर्ग में आने वाले कवि बोधा हैं, जिनके प्रेम में ऐन्द्रियता (सेन्सुअसनेस) इतनी स्थूल है कि उसका रंग आनन्दघन के प्रगाढ़ राग के समक्ष फीका पड़ जाता है। बोधा राधा-कृष्ण के संभोग का वर्णन तो करते ही हैं, यह भी कहते हैं कि----

"यों दुरि केलि करै जग में नर धन्य वहै धनि है वह नारी ॥"

बोधा में भी इतनी ईमानदारी है कि वे इस प्रकार की बातें भक्ति के आवरण में नहीं करते।

आनन्दघन एक ओर प्रगाढ़ रागात्मकता के कवि हैं, और दूसरी ओर अत्यन्त सूक्ष्म मानसिक दशाओं के गायक। राधा और कृष्ण के जिस प्रेम को आनन्दघन प्रेम-पयोधि के रूप में देखते हैं, उसका वर्णन वे अलग राधा-कृष्ण या कृष्ण-गोपिका प्रसंग में करते हैं, अथवा भक्त के रूप में भगवान कृष्ण की कृपा का उल्लेख करते हुए अपनी याचना प्रस्तुत करते हैं। इस सम्बन्ध में अन्यत्र विचार किया जायगा।

यहाँ यही देखना अभीष्ट है कि आनन्दघन का लौकिक प्रेम ईश्वरीय प्रेम से कहाँ और किस रूप में जुड़ता है। ऊपर यह बात स्पष्ट हो चुकी है कि उनकी

मान्यता के अनुसार ईश्वरीय प्रेम के सागर की एक बूंद ही सांसारिक प्रेम के रूप में अभिव्यक्ति पाती है किन्तु इससे उनके द्वारा गृहीत लौकिक प्रेम (अपने और प्रिया सुजान के सम्बन्ध) में कोई ऐसी बात नहीं आती जिससे वह शुद्ध शाकाहारी (केवल भक्तों के काम का) प्रेम बनकर रह जाय। आनन्दघन ने अपनी भक्ति-भावना को अलग रखने का संयम साध लिया है, इसलिए उनके द्वारा चित्रित शारीरिक प्रेम पूर्ण प्रगाढ़ता और रागदीप्ति के साथ प्रकाशित हो सका है।

"राधा हरि, हरि राधिका, बनि आये संकेत।
दंपति रति-विपरीत-सुख, सहज सुरति हू लेत।।" —बिहारी

इस प्रकार के विपरीत रति के चित्रण में अपनी आकांक्षा को भक्ति के नाम पर राधा और कृष्ण के प्रचलित आवरण में ढंकने की आवश्यकता आनन्दघन को नहीं थी। यही कारण है कि आनन्दघन की सुजान सम्बन्धी रति और कृष्ण सम्बन्धी भक्ति दोनों अत्यन्त मार्मिक रूप में उनके छन्दों में व्यक्त हुई है, इस विशेषता के साथ कि कोई किसी को प्रभावहीन नहीं करती। आनन्दघन कृष्ण के प्रसंग में उनकी कृपालुता की ही बात पर जोर देते हैं। राधा या गोपियों के साथ जिन छन्दों में कृष्ण का सम्बन्ध संकेतित है, वहाँ भी संभोग के संकेत नहीं हैं। उनके परस्पर उफनते हुए प्रेम की झलक देना ही कवि पर्याप्त समझता है। भक्ति की भावना आनन्दघन की प्रेम-भावना को प्रभावित करती है तो इसी रूप में कि भक्ति की तरह ही आनन्दघन के लौकिक प्रेम में भी तन्मयता, अनन्यता और बिना प्रतिदान के अपने प्रेमपथ पर दृढ़ रहने की अडिगता आ गई है। इसी बात को इस रूप में भी कहा जा सकता है कि आनन्दघन का प्रगाढ़ और अनन्य प्रेमानुभव कृष्ण के प्रति उनके मन के समर्पण भाव को अन्त में प्रेमाभक्ति में बदलने में सहायक हुआ है।

यही कारण है कि लौकिक प्रेम के अन्य रीतिकालीन गायकों की अपेक्षा आनन्दघन की प्रेमानुभूति अधिक गहरी और सूक्ष्म दिखाई पड़ती है।

आनन्दघन के लिए प्रेमानुभव और काव्यसर्जन की प्रक्रिया दो पृथक्-पृथक् स्थितियाँ नहीं हैं। उनका प्रेम के रस से लबालब भरकर छलकता हुआ हृदय काव्य का प्रवाह निरन्तर बनाए रखता है। इसी स्थिति की सूचना वह यह कहकर देते हैं कि—

"लोग हैं लागि कवित्त बनावत मोंहि तो मेरे कवित्त बनावत।।"

इस प्रेमदृष्टि (या काव्यदृष्टि) को साधारण आँखें नहीं पहचान सकतीं। यह प्रेम-मार्ग जिस पर ऐसा प्रेमी चल रहा है, बहुत सीधा है। कहीं भी इधर-उधर देखना इसमें निषिद्ध है, किन्तु जो कपटी है, निःशंक (ईमान वाले) नहीं हैं, वे इस मार्ग पर नहीं चल सकते।

"अति सूधो सनेह को मारग है जहं नेकु सयानप बांक नहीं।
तहां सांचे चलै तजि आपनपौ झझकैं कपटी जे निसांक नहीं।"

'आपनपौ' को छोड़कर चलने की जो शर्त इसमें है वही इस प्रेमदृष्टि को सामान्य लौकिक प्रेमदृष्टि से अलग करती है। लौकिक प्रेम में तृप्ति अभीष्ट होती है जो अपनत्व की सीमा में ही प्राप्त है। इस 'अपनपौ' से ऊपर उठने पर ही यह सम्भव हो पाता है कि प्रिय को न प्राप्त करने वाला प्रेमी स्वयं असह दुःख सहता हुआ भी प्रिय के कल्याण की ही कामना करता रहता है—

"जान सुखारे रहौ, रहि आए हौ, होति रही है सदा चित चीती।
हैं हम ही धुर की दुखहाई बिरंचि विचारि कै जाति रची ती॥"

सूर की गोपियों में यही विशेषता है। वे कहती हैं—

"जहं जहं जाहु राज करौ तहं तहं लेहु कोटि सिर भार।
सूरदास हम देति असीसहिं न्हात खसै जनि बार॥"—सूरसागर

आनन्दघन प्रेम के क्षेत्र में सांसारिक चातुर्य को बाधास्वरूप मानते हैं—

"जान घनआनंद अनोखो यह प्रेम पंथ
भूले ते चलत, रहैं सुधि कै थकित ह्वै।"

जो आत्मविस्मृत हैं वे चलते रहते हैं, जिन्हें अपनी (अपने स्वार्थ की हानि-लाभ की) सुधि है, वे इस मार्ग पर थककर बैठ जाते हैं।

एक छप्पय में आनन्दघन उन लोगों के पास स्वप्न में भी, क्षण-भर भी बैठने का निषेध करते हैं जो प्रेम और नियम का तथा अनुराग और चतुरता का अन्तर नहीं कर पाते—

"मही-दूध सम गनैं, हंस-बक भेद न जानैं।
कोकिल काक न ज्ञान, कांच-मनि एक प्रमानैं॥
चंदन-ढाक समान, रांग-रूपौ सम तोलैं।
बिन विवेक गुन-दोष, मूढ़ कवि ब्यौरि न बोलैं॥
प्रेम-नेम हित चतुरई, जे न विचारत नेकु मन।
सपने हू न विलंबियै, छिन तिन ढिग आनन्दघन॥"[३५]

चन्दन और ढाक में, कांच और मणि में तथा कोयल और कौवे में जो अन्तर है वही प्रेम और नियम (सांसारिक नियम) में तथा हेत (अनुराग) और चतुराई में है। प्रेम मार्ग के पथिक को सांसारिक नियम-कानून और चतुराई से कुछ लेना-देना नहीं।

किसी का सर्वस्व समर्पण पाने में सहज ही समर्थ वह प्रिय एकान्त प्रेमी की विकलता को नहीं जान सकता। उसकी एक शर्त है कि अगर वह पल मात्र के लिए अपने को आपसे अलग कर सके तो उसे पता चले कि उसके वियोग में जो तड़प रहे हैं, उनकी वास्तविक स्थिति क्या है?

"मो गति बूझि परे तब ही जब होहु घरीक हू आपतें न्यारे।"

उस दशा का कथन असम्भव है। दिन-रात का अन्तर पड़ जायगा, अगर उसका वर्णन किया जाय। इसीलिए आनन्दघन की काव्यप्रिया (वाणी-वधू) का साहचर्य सभी लोग नहीं पा सकते। उसके लिए विशेष रिझवार सुजान होना चाहिए।

"घनआनन्द बूझति अंक बसै बिलसै रिझवार सुजान-धनी।"

क्योंकि वह हृदय-रूपी भवन में मौन का घूंघट डालकर बैठी है—

"उर भौन में मौन को घूंघट कै दुरि बैठी विराजति बात बनी।"

मौन के घूंघट को हटा पाना सबके वश की बात तो नहीं है। इसीलिए ब्रजनाथ की चेतावनी है कि—

"समुझै कविता घनआनन्द की जिन आंखि नेह की पीर तकी।"

आनन्दघन ने अपने जीवन और अपनी मृत्यु दोनों में इस प्रेम पीर का निर्वाह किया।

मृत्यु की घटना पर दृष्टिपात करने से आनन्दघन की प्रेम-परिकल्पना साकार हो उठती है। उनकी मृत्यु, कहते हैं, अहमदशाह अब्दाली के सैनिकों के हाथों हुई। मथुरा में कत्लेआम करने वालों से आनन्दघन ने कहा कि मेरे शरीर पर तलवार से धीरे-धीरे घाव करते हुए मुझे मारो। ज्यों-ज्यों इनको तलवार के घाव लगते गए त्यों-त्यों ये ब्रज-रज में लोटते रहे। ब्रज-रज के कण-कण में अपने रक्त की एक-एक बूंद मिलाकर उन्होंने प्रेम की पीड़ा का रस लेते हुए शरीर-त्याग किया।"[२६]

प्रिय सुजान से लौकिक प्रेम करते हुए चरम प्रगाढ़ता के साथ तृप्ति का अनुभव करने वाले प्रेमी ने उसके विरह को भी उसी आत्मीयता के साथ भोगा। अन्त में लौकिक प्रेमानुभव कृष्णोन्मुख हुआ और कृष्ण की लीलाभूमि ब्रज के रजकणों को अपने रक्त से सोखते हुए, तड़प का स्वाद लेते हुए मरकर आनन्दघन ने अपने प्रेम को उस रूप में प्रमाणित किया, जैसा और कोई न कर सका।

आनन्दघन की भक्ति

लौकिक दृष्टि से अत्यन्त ऐन्द्रिय प्रेम-भाव से ईश्वरीय प्रेम तक पहुँचने की जो साधना आनन्दघन ने अपने जीवन में की, वह उनके काव्य में प्रतिफलित है। इस दृष्टि से उनका काव्य उनके जीवनानुभव से अभिन्न है। रीतिकाल के अन्य कवियों की तरह शृंगार और भक्ति की खिचड़ी पकाने के स्थान पर आनन्दघन ने अपना प्रेम-जीवन और भक्ति-जीवन अलग-अलग रखकर दोनों को पूर्णता तक पहुँचाया। इसी प्रकार प्रेम और भक्ति सम्बन्धी उनकी रचनाओं के संसार भी अलग-अलग हैं। यह बात भी महत्त्वपूर्ण है कि अपने शृंगार-भाव को आनन्दघन किसी हीनता-भाव या पाप-बोध के साथ नहीं जोड़ते। वे प्रकृत मनुष्य के स्तर

पर उत्पन्न नैसर्गिक प्रेम को भी ईश्वरीय, अलौकिक और दिव्य प्रेम का ही अंश मानते हैं। अन्तर केवल मात्रा-भेद का है। उनका स्पष्ट दावा है कि—

"प्रेम को महोदधि अपार हेरि कै, बिचार
बापुरो हहरि बार ही तें फिर आयो है।
ताही एकरस ह्वै बिबस अवगाहैं दोऊ
नेही हरि राधा, जिन्हैं देखें सरसायो है।
ताकी कोऊ तरल तरंग संग छूट्यो कन,
पूरि लोक लोकनि उमगि उफनायो है।
सोई घनआनन्द सुजान लागि हेत होत,
ऐसे मथि मन पै सरूप ठहरायो है।"

राधा और कृष्ण जिस प्रेम-पयोधि में निरन्तर अवगाहन करते हैं, वह इस जगत में नहीं है। उसको जानने का कोई सवाल पैदा नहीं होता क्योंकि ज्ञान (विचार) उसके तट से ही लौट आता है। अतः उस दिव्य प्रेम का अनुभव करने का एकमात्र उपाय यह है कि उस सागर की एक बूंद जो समस्त लोक-लोकान्तर में फैलकर उफन रही है, उसी का आस्वादन किया जाय। स्त्री और पुरुष के प्रेम में यदि लम्पटता नहीं है, एकनिष्ठता और सचाई है, तो वह उसी दिव्य प्रेम का अनुभव-सोपान बन जाएगा। यही स्थापना है आनन्दघन की, और अपने जीवन में इसी की साधना उन्होंने की। मृत्यु के क्षणों में भी वे उसका स्वाद लेते रहे। आनन्दघन की यह प्रेम-साधना अपनी गम्भीरता में इश्क मजाजी से इश्क हकीकी तक पहुँचने वाले सूफी प्रेम की अपेक्षा अधिक उदात्त बन गई है। रहस्य-वाद की रूढ़ि को छोड़ देना भी इसका एक बड़ा कारण है। सुजान के साथ प्रेम को सम्पूर्णता के साथ भोगने वाला प्रेमी जब परिस्थितिवश अकेले रहने को विवश हो गया तो उसने वृन्दावन की शरण ली जहाँ उसका सम्बन्ध उस प्रेम-पयोधि से जुड़ा जो राधा और कृष्ण के बीच शाश्वत रूप में लहराता रहता है।

आनन्दघन निम्बार्क सम्प्रदाय में दीक्षित हो गए। श्री वृन्दावनदेव इनके गुरु थे। साम्प्रदायिक भक्ति की दृष्टि से आनन्दघन ने कितना महत्त्व अर्जित किया इसका प्रमाण इनका सख्यभाव का साम्प्रदायिक नामकरण है जो सबको सुलभ नहीं होता। "सख्य भाव की उपासना करने वाले महात्माओं के, जो साधना के अनेक सोपान पार कर इस भाव में लीन हो जाते हैं, साम्प्रदायिक नाम भी उनके सिद्ध गुरुओं द्वारा रख दिए जाते हैं। निम्बार्क सम्प्रदाय की गद्दी पर आसीन होने वाले अभी आचार्यों के साम्प्रदायिक नाम थे और वे अपने अन्तरंग परिसर में उसी नाम से अभिहित होते रहे हैं। ऐसे नाम साधना की ऊँची भूमिका में पहुँचने पर ही प्राप्त होते हैं। 'नागर समुच्चय' में जो वृत्त आनन्दघन के सम्बन्ध में राजकवि जयलाल ने दिया है उससे 'आनन्दघन' महात्मा कोटि में माने जाते

थे यह स्पष्ट है। प्रेम-साधना का अत्यधिक कठिन पथ पार कर ये बड़े-बड़े साधकों-सिद्धों को पीछे छोड़ 'सुजानों' की कोटि में पहुँच गए थे। अतः सम्प्रदाय में इनका सखीभाव का नामकरण हो गया था।"[२७]

'वृषभानुपुर सुषमा वर्णन'[२८] में आनन्दघन का कथन है—

"नीको नांव बहुगुनी मेरो। बरसाने ही सुन्दर खेरो।"

यह नामकरण स्वयं श्री राधा जी का किया हुआ है—

"राधा नांव बहुगुनी राख्यौ। सोई अरथ हिये अभिलाख्यौ।"

"मनोरथ 'मंजरी' में तो सखी 'बहुगुनी' पर भी कृष्ण की कृपा होने और उसके कारण अपने लज्जित हो जाने का उल्लेख किया गया है।"[२६]

"मोहि भुज भरैं छकानिसों जिय समझि लजाऊँ।"

साम्प्रदायिक भक्ति के क्षेत्र में इस स्थान की प्राप्ति से प्रमाणित होता है कि आनन्दघन को भक्ति की जमीन पर भी वही महत्त्व मिला जो शृंगार काव्य में मिल चुका था। एक अन्तर अवश्य है कि आनन्दघन की भाषा का जो चमत्कार उनके शृंगारकाव्य अर्थात् सुजानहित के छन्दों में दिखाई पड़ता है, वह इनके भक्ति-काव्य में उसी रूप में नहीं मिलता। भक्ति-काव्य के इनके उन्तालीस ग्रन्थ हैं—

१. कृपाकंद, २. वियोगबेलि, ३. इश्कलता, ४. यमुना-यश, ५. प्रीति-पावस, ६. प्रेम-पत्रिका, ७. प्रेम-सरोवर, ८. ब्रजविलास, ९. सरस वसन्त, १०. अनुभव-चन्द्रिका, ११. रंगबधाई, १२. प्रेम-पद्धति, १३. वृषभानुपुर सुषमा-वर्णन, १४. गोकुलगीत, १५. नाम माधुरी, १६. गिरि पूजन, १७. विचार-सार, १८. दान-घटा, १९. भावनाप्रकाश, २०. कृष्ण कौमुदी, २१. धाम-चमत्कार, २२. प्रिया-प्रसाद, २३. वृन्दावनमुद्रा, २४. ब्रजस्वरूप, २५. गोकुल-चरित्र, २६. प्रेमपहेली, २७. रसनायश, २८. गोकुलविनोद, २९. ब्रजप्रसाद, ३०. मुरलिका-मोद, ३१. मनोरथ मंजरी, ३२. ब्रजव्यवहार, ३३. गिरिगाथा, ३४. पदावली, ३५. परिशिष्ट (पदावली के शेष पदों का अलग संग्रह), ३६. प्रकीर्णक, ३७. छन्दाष्टक, ३८. त्रिभंगी, ३९. परमहंस वंशावली।

उपर्युक्त सूची में पदों के संग्रह के आधार पर संख्या में कुछ कमी-बेशी हो सकती है। प्रकीर्णक और परिशिष्ट पदावली के ही अन्तर्गत आ सकते हैं और इस प्रकार भक्ति सम्बन्धी कुल ग्रन्थों की संख्या ३७ हो सकती है। इनमें भी कुछ संख्या घट जाएगी यदि सम्पादन विशेष सावधानी से किया जाय। आचार्य विश्वनाथ प्रसाद मिश्र द्वारा सम्पादित 'घनआनन्द ग्रन्थावली' में मनोरथ मंजरी अलग पुस्तक के रूप में भी है और पदावली के पद संख्या ५४ में भी वही है (पृ० ३४२ से ३४४ तक)।

उपर्युक्त ग्रन्थों में कुछ तो बहुत छोटे हैं। कुछ ही छन्दों में पूरा ग्रन्थ आ

गया है। कुछ में साम्प्रदायिक भक्ति के वर्णन हैं। अनेक ग्रन्थों में कृष्ण-चरित से सम्बद्ध यमुना, वन आदि का वर्णन किया गया है। काव्यात्मकता की दृष्टि से उल्लेखनीय ग्रन्थ हैं कृपाकन्द, वियोगवेलि, प्रेम-पत्रिका और पदावली।

कृपाकन्द—कवित्त, सवैया, दोहा, सोरठा और पद मिलाकर इस ग्रन्थ में छन्दों की कुल संख्या ६२ है। भगवान् की कृपा को स्वतन्त्र विषय के रूप में प्रस्तुत किया गया है। अनेक पदों में भावना की ऊँचाई 'विनयपत्रिका' के पदों का स्मरण कराती है। हृदय-कमल के रूपक को आगे बढ़ाते हुए एक छन्द में आनन्दघन श्रीकृष्ण के हृदय रूपी कमल में कृपा के मकरन्द की प्राप्ति ही मधुव्रती भक्त-कवि का अभीष्ट मानते हैं।—

"बानी सरसानी ता मधुव्रत की, लह्यो जिन
कृपा-मकरन्द स्याम-हृदय-सरोज को।"
(कृपाकन्द, छन्द ७)

कृपा को स्वतन्त्र व्यक्तित्व प्रदान करते हुए आनन्दघन कहते हैं कि कृपा ठकुराइन की चेरी होकर मेरी मति कृतार्थ हो गई है—

"स्याम सुजान हियैं बसियैं रहै नैननि त्यौं लसियैं भरि भाइनि।
बैननि बीच बिलास करै मुसकानि सखी सों रची चित चाइनि।
है बस जा के सदा घनआनँद ऐसी रसाल महासुखदाइनि।
चेरी भई मति मेरी निहारि कै सील-सरूप कृपा-ठकुराइनि॥"
(कृपाकन्द, छन्द ४)

तुलसीदास ने राम से अधिक महत्त्व उनके नाम का माना। इस ग्रन्थ में आनन्दघन कृष्ण की कृपा को कृष्ण से अधिक भक्तवत्सल मानते हुए कहते हैं कि कृष्ण के स्वभाव में जो अनेक विशेषताएँ हैं, उनमें सबके साथ भक्त की ओर से किसी-न-किसी गुण की अपेक्षा है, केवल कृपा ही ऐसी है जो भक्त की ओर द्रवित होने को आतुर रहती है—

"हरि हू के जेतिक सुभाव हम हेरि लहे,
दानी बड़े पै न माँगे बिनु ढरै दातुरी।
दीनता न आवै तौं लौं बन्धु करि कौन पावै,
साँच सों निकट दूरि भाजैं देखि चातुरी।
गुननि बँधे है निरगुन हू अनंदघन,
मति बीर यहै गति चाहैं धीर जातु री।
आतुर न है री अति चातुर विचार थकि
और सब ढीले कृपाही के अति आतुरी॥"
—(वही, छन्द २)

कृपा को विषय बनाकर लिखे गए पदों का यह अप्रतिम संग्रह है जो भक्त

आनन्दघन की कवित्वशक्ति के नये स्वाद से परिचित कराता है।

वियोग बेलि—आशा की दीप्ति से प्रकाशित गोपी-विरह की भावना को राग बंगाली बिलावल में निबद्ध करके ८१ द्विपदियों में रखा गया है। वियोग-विह्वल गोपियों के हृदय में उफनती हुई विरह-लता का लहकना भाषा की शक्ति के कारण पाठक तक पहुँचता है।

"सलोने स्याम प्यारे क्यों न आओ,
दरस-प्यासी मरैं तिनको जिवाओ।" (वियोगी बेलि, १)

प्रेम-पत्रिका—यह ६५ छन्दों का संग्रह है जिसमें प्लवंग, कवित्त, सवैया, छप्पय और सोरठा छन्द हैं। भ्रमरगीत वाले प्रसंग को एक नये मार्मिक सन्दर्भ के साथ प्रस्तुत किया गया है। कृष्ण का पत्र लेकर आए हुए उद्धव (भ्रमर) के सामने गोपियाँ विरह-दुःख की कथा कहती हैं, जिसमें बार-बार अपने लिए आने वाली कृष्ण की पाती (पत्री) के प्रति उपालम्भ दिया गया है। पहले ही छन्द में गोपियाँ कहती हैं कि 'हे कृष्ण तुम्हारी यह पत्री हम तुम्हीं को सुनावेंगी, अगर कहीं मिल गए तो। तभी तुम समझ सकोगे कि ऐसी निठुर पत्री हमारे लिए कैसी असह्य रही होगी।'

"कान्ह तिहारी पाती तुम्हँहि सुनाइहौं।
हाय हाय फिरि हाय कहूँ जो पाइहौं।
कटुक प्रीति को स्वाद मिठास भर्‌यो महा।
ह्वै रसना करि किलक कहो बरनै कहा।" (प्रेमपत्रिका, छन्द १)

कड़वी प्रीति के मिठास भरे स्वाद में आनन्दघन का अपना विरोध-वैविध्य देखा जा सकता है।

इस ग्रन्थ में २६ छन्दों तक पत्रिका प्रसंग चलता है। अन्य छन्दों में यमुना, वृन्दावन, ब्रजधूलि आदि का महत्त्व, वंशी-वादन, क्रीड़ा, वसन्त आदि अनेक प्रसंग वर्णित हैं। अनेक छन्द ऐसे भी हैं जो सुजानहित में भी संगृहीत हैं।

आनन्दघन का जो मन पहले सुजान के पाँवों के नीचे से निकलना नहीं चाहता था, वही मन अब रात-दिन ब्रजमण्डल को धारण करने की अभिलाषा करता है—

"सहज सुगन्ध भाँति-भाँति भाव-फूल बिछे,
सम रसरीति जामैं केसरि को झोलना।
बिसद सुबास नाना विधि सों सँवारि रच्यो,
चौकस गुननि गस्यो गूढ़ गाँस खोलना!
राधा मनमोहन - विलास को सुखासन है,
दोऊ एक बानक सलोने मिठ बोलना।

तन कहूँ क्यों न बसी बस न तनक मेरो,
मन ब्रजमण्डल को उड़न - खटोलना ।।"

(प्रेमपत्रिका, छन्द ६६)

पदावली —पद संख्या की दृष्टि से आनन्दघन की यह रचना सबसे बड़ी है। आचार्य विश्वनाथ प्रसाद मिश्र ने ८१२ पदों को पदावली के अन्तर्गत रखा है और ८१३ से १०५७ तक के पदों को परिशिष्ट के अन्तर्गत। ये १०७५ पद विभिन्न राग-रागिनियों में आबद्ध किये गए हैं। स्मरणीय है कि संगीतकार के रूप में आनन्दघन की विशेष ख्याति है।[30] गायन की दृष्टि के प्रमुख होने के कारण कुछ पद दो, तीन या चार पंक्तियों तक ही सीमित हैं। कुछ बड़े पद भी हैं जिनमें अधिकांश में राधा कृष्ण प्रेम, उनकी चेष्टाओं और ब्रजमण्डल से सम्बद्ध अनुभवों का गायन है। कुछ पदों में भक्त के दैन्य और भक्तिभाव को गीति-काव्य की विशिष्टता के साथ प्रस्तुत किया गया है। कृष्ण और राधा के जन्म, उनकी बधाई, रासलीला और अन्य क्रीड़ाओं का भी सैकड़ों पदों में वर्णन है। हरि स्मरण के लिए मन को प्रेरित करने वाला एक पद है—

(राग रामकली)

"सुमिरि मन हरि पद साँचो रे।
झूठें राचि वृथा कित धावै डगमग खाँचो रे।
सुथरो सुथिर जहाँ नहिं पहुँचत माया नाँचो रे।
कृपा-गुनहि गहि क्यों न, ज्यों न लागै भ्रम लाँचो रे।
अति अखंड आनंदघन दरसैं फुरति न आँचो रे।
तिहि रस सरसि होत किन कबहुँ जड़ रोमाँचो रे।।"

(पदावली, ८०)

रासलीला सम्बन्धी एक पद है—

(केदारो, मूलताल)

"रास मैं राधा सब रस राख्यौ।
वृन्दावन स्वामिनि अभिरामिनि मन जस राख्यौ।
आनंदघनहिं भिजाय रिझायौ केलि-कला कस राख्यौ।" (पदावली, ६६१)

संगीत का आग्रह प्रमुख होने के बावजूद सैकड़ों पद ऐसे हैं जो गीति-काव्य की परम्परा में अपना स्थान विशेष रूप से सुरक्षित कर लेते हैं। गेयता और भाव-प्रवणता दोनों की दृष्टि से कुछ पद सूर, तुलसी के पदों से तुलनीय हैं। आनन्दघन के भक्तिकाव्य का स्वतन्त्र विवेचन अपेक्षित है।

सन्दर्भ

१. हिन्दी साहित्य का इतिहास—आ० रामचन्द्र शुक्ल, पृ० ३२१-२२
२. वही, पृ० ३२४
३. वही, सं० डा० नगेन्द्र, पृ० ३६०
४. वही
५. रीति-स्वच्छन्द काव्य-धारा, पृ० १४३
६. हिन्दी रीतिकाव्य—डा० भगीरथ मिश्र, पृ० १२४
७. रीतिकालीन कवियों की प्रेमव्यंजना, पृ० २४१
८. वही, २४०-४१
९. घनानन्द और स्वच्छन्द काव्यधारा, पृ० ७-८
१०. घनआनन्द कवित्त, छन्द ४४४
११. हिन्दी साहित्य का अतीत, भाग-२, शृंगारकाल, पृ० ७१४
१२. रीति-स्वच्छन्द काव्यधारा, पृ० ४६२
१३. वही, पृ० ४६२-६३
१४. वही, पृ० ४६४
१५. वही, पृ० ४६३
१६. वही, पृ० ४६२
१७. वही, (घनआनन्द ग्रन्थावली, वाङ्मुख, पृ० ७४ पर उद्धृत 'बिहारी-उड़ीसा रिसर्च जर्नल)।
१८. रीतिकालीन कवियों की प्रेम व्यंजना, पृ० २५२
१९. वही, पृ० २५३
२०. वही, पृ० २५६
२१. वही
२२. रीति स्वच्छन्द काव्यधारा, पृ० २४३-२४८
२३. वही, पृ० २४३
२४. घनानन्द और स्वच्छन्द काव्यधारा, पृ० ४१६
२५. घनआनन्द कवित्त, पृ० 100
२६. घनआनन्द कवित्त, प्रस्तावना, पृ० १८ पर उद्धृत राधाकृष्ण ग्रन्थावली।
२७. हिन्दी साहित्य का अतीत, भाग-२, शृंगारकाल, पृ० ७२६
२८. वही, पृ० ७३०
२९. रीति-स्वच्छन्द काव्यधारा, पृ० २८९
३०. गोरखपुर विश्वविद्यालय के ललितकला विभाग के अध्यक्ष डा० राजेश्वर आचार्य ने आनन्दघन के संगीत पर शोधकार्य किया है।

आनन्दघन की कविता

उर-भौन में मौन को घूंघट कै दुरि बैठी विराजति बात बनी।
मृदु मंजु पदारथ-भूषन सों सु लसै हुलसैं रस-रूप मनी।
रसना अली कान-गली मधि ह्वै पधरावति है चित-सेज ठनी।
घनआनंद बूझनि-अंक बसै बिलसै रिझवार सुजान धनी ।।१।।

शब्दातीत अर्थ गौरवसम्पन्न मौन की गरिमा को जितना आनन्दघन ने समझा है और जिस सफाई से उसे अभिव्यंजित किया है, वह दूसरों के लिए अपरिचित स्थिति है। आधुनिक हिन्दी काव्य में मौन का महत्त्व निराला और अज्ञेय ने पहचाना है। प्रस्तुत छंद में मौन के उसी गुरु अर्थ की अभिव्यंजना सांगरूपक के माध्यम से की गई है। बात रूपी वधू को मौन का घूंघट किए हृदयरूपी भवन में बैठी हुई बताया गया है।

छंद की संरचना इस बात की पूरी छूट देती है कि उस 'बात' को आप प्रणयानुभूति समझें, रहस्यानुभूति समझें, भक्ति का आस्वाद समझें अथवा गूढ़ काव्यार्थ समझ लें। वैसे गूढ़ संकेत यह भी है कि इन सारी 'बातों' का केन्द्र हृदयस्थ 'प्रेमतत्त्व' ही है जो अनेक रूपों में प्रकाशित होता है।

कवि कहता है कि बात (काव्य या प्रणय की अनुभूति) रूपी वधू (बनी) मौन का घूंघट करके हृदयरूपी भवन में (कवि या प्रेमी के) बैठी हुई शोभा पाती है। व्यंग्यार्थ यह कि अनुभूति चाहे काव्य की हो अथवा प्रणय की अपने वास्तविक रूप में तो वह मौन के अवगुंठन में ही रह जाती है। वाणी में जो व्यक्त होता है, वह वास्तविक अनुभूति का आभास मात्र होता है। आनन्दघन के अनेक छंदों में इस प्रकार के संकेत मिलते हैं :

मन तें मुख लौं नित फेर बड़ो कित ब्यौरि सकौं हित की बतियाँ।
(दे० छंद ४४)

जानैं वेई दिन राति, बखाने तें जाय परै दिन-राति को अन्तर।
(दे० छंद ६)

उस (बात की) रसरूपी मणि अर्थात प्रेम या काव्यरूपी मणि के आभूषण के समान मृदु (कोमल) और मंजुल पदार्थ (पद = शब्द के अर्थ) शोभा पाते हैं।

ये मृदु और मंजु पदार्थ शोभित होते हुए उल्लसित होते हैं। रूपक में बात रूपी वधू के आभूषण बनकर ही पदार्थ (शब्द और उनके अर्थ अर्थात वाणी के उपकरण) शोभा पाते हैं। आभूषण में अपनी शोभा कहाँ? वे तो सुन्दरी के स्वाभाविक सौन्दर्य के साहचर्य में ही शोभा पाते हैं। ('अंजन त्यौर ही ताको करै'— दे० छंद ५४) ध्वनि यह कि हृदय में जो बात (अनुभूति) है, उसके आभूषण की हैसियत से ही शब्द और उनके अर्थों की शोभा है। वह बात (अनुभूति) नहीं है तो अलंकार व्यर्थ हैं।

एक अर्थ इसका इस प्रकार भी हो सकता है कि पदार्थ आभूषणों से रसरूप मणि का प्रकाश बाहर झलकता है अन्यथा वह अप्रकाशित ही रह जाता। पदार्थ अनुभूति को कुछ-कुछ प्रकाशित करने में सफल होते हैं। ('कविहिं अरथ आखर बल सांचा'— तुलसीदास।)

रूपक आगे बढ़ता है। मौन के घूंघट में छिपी बातरूपी वधू तक उसके प्रिय को पहुँचाने में सखी की भूमिका अनिवार्य है।

वाणी (रसना) रूपी सखी (अली) कानरूपी गली (मुख्य द्वार से भिन्न, व्यक्तिगत उपयोग में आनेवाला मार्ग) के बीच होकर (प्रिय को) चित्तरूपी सजी हुई शय्या पर ले आती है (पधरावति)। बूझनि (बूझि=बुद्धि=काव्य की समझ) की गोद में बैठकर (बसै) ही सघनआनंदस्वरूप, सुजान रीझने वाले प्रिय (धनी, दूल्हा) बातरूपी वधू के साथ विलास करते हैं।

इस रूपक में 'बूझनि-अंक' और 'रिझवार सुजान धनी' में पात्रता और उपाय के संकेत छिपे हुए हैं। 'सुजान', 'धनी' और 'रिझवार' इन विशेषणों में काव्य और प्रेम के गूढ़ाशय को समझने की योग्यता वाले व्यक्ति (रसिक) की पात्रता का संकेत है। इस प्रकार की पात्रता वाला रसिक जब काव्य (या प्रेम-तत्व) को बूझने की समस्त (शास्त्रीय, बौद्धिक और अभ्यासगत) योग्यता (बूझनि) के अंक में (इन सभी तत्त्वों के साथ) उस बातरूपी वधू (अथवा कविता) को लेकर बैठेगा, तभी आनन्दघन की (वैसे समस्त श्रेष्ठ कवियों की) कविता के साथ विलास कर सकेगा अर्थात उसका आनन्द प्राप्त कर सकेगा। (यह पात्रता न हो तो 'बात' ऊपर से निकल जाएगी।)

प्रेमानुभूति और काव्यानुभूति के सन्दर्भ में उपर्युक्त कथन को सामान्य धरातल पर रखें तो व्यापक अर्थ की प्रतीति होती है। वैसे इस कथन को आनन्दघन द्वारा अपनी कविता (प्रणयानुभूति) के सन्दर्भ में माना जाता है। 'समुझै कविता घनआनन्द की जिन आंखिन नेह की पीर तकी' जैसी पंक्तियों में इनके काव्य की जो शर्तें हैं, वैसी ही शर्तें प्रस्तुत छंद में भी हैं। वैसी सामान्य कविता या प्रेमानुभूति के सन्दर्भ में भी छंद का महत्त्व अप्रतिम है।

शब्दातीत अर्थगौरवसम्पन्न मौन की महिमा का सांगरूपक द्वारा स्पष्ट

प्रकाशन इस अद्भुत छंद में किया गया है। जो बात रूपी वधू (वनी) हृदय के भवन में मौन का घूंघट किए विराज रही है, वह प्रणयानुभूति, भक्ति भावना, रहस्यानुभूति अथवा काव्यमर्म में से कोई हो सकती है, ऐसी कुशलता के साथ उसे प्रस्तुत किया गया है। मूल ध्वनि यह कि अनुभूति काव्य की हो या प्रणय की, वास्तविक रूप में मौन में ही रहती है, हृदय के भीतर। जो कुछ बाहर आता है, वह आभास मात्र है। पदार्थ रूपी आभूषणों से वह रसरूपी मणि (अनुभूति या काव्य मर्म) विलसती है, प्रकाशित होती है। चित्त रूपी शय्या पर रिझवार (रसिक) को कान की गली से रसना रूपी सखी ले जाती है जहाँ वह बूझनि (समझदारी) की गोद में (उस वधू के साथ) विलास करता है। 'बूझनि अंक' और 'रिझवार सुजान धनी' में उपाय और पात्रता के संकेत हैं। गीतावली के एक पद से तुलनीय :

पौढ़िये लाल पालने हौं झुलावौं।
× × ×
बाल-विनोद-मोद-मंजुल-मनि-किलकनि खानि खुलावौं।
तेइ अनुराग-ताग गुहिबे कंह मति मृगनयनि बुलावौं।
तुलसी-भनिति-भली-भामिनि उर सो पहिराइफुलावौं।
चारु चरित रघुवर तेरे तिहि मिलि गाई चरन चितु लावौं॥

(गीतावली, पद १८)

प्रेम को महोदधि अपार हेरि कै, बिचार,
बापुरो हहरि वार हीतें फिरि आयो है।
ताही एक रस ह्वै बिबस अवगाहैं दोऊ,
नेही हरि राधा जिन्हैं देखे सरसायो है।
ताकी कोऊ तरल तरंग-संग छूट्यौ कन,
पूरी लोक लोकनि उमंगि उफनायौ है।
सोई घनआनंद सुजान लागि हेत होत,
ऐसें मथि मन पै सरूप ठहरायौ है॥ २॥

प्रेम के सम्बन्ध में विलक्षण प्रेमी आनन्दघन का कथन है। उन्होंने बताया है कि सांसारिक और भक्तिमूलक (अलौकिक) प्रेम में क्या अन्तर और क्या सम्बन्ध है। जिस प्रकार सूफी इश्क मजाजी से ही इश्क हकीकी तक पहुँचता है, उसी प्रकार इस छंद में मनुष्य के प्रेम को ईश्वरीय प्रेम के साथ जोड़ा गया है। यह

छंद इस बात का प्रमाण है कि आनन्दघन का श्रृंगार चित्रण चाहे जितना मांसल और जैविक हो, अंततः उनके विश्वास के अनुसार वह राधाकृष्ण के ईश्वरीय प्रेम-सागर की बूंद मात्र ही है।

प्रेम के अपार महासागर को (दूर से ही) देखकर विचार (विवेक या बुद्धि-तत्त्व) बेचारा घबराकर (हहरि) अपनी ओर वाले तट (वार) से ही लौट आया है। (ध्वनि यह कि प्रेम तत्त्व का अवगाहन तो क्या, उसका स्पर्श भी (बुद्धि) विचार के वश की बात नहीं है।) उसी अपार प्रेम पयोधि में सर्वांग डूबकर (बिबस) तथा एकरस होकर दोनों महान नेही राधा और कृष्ण उसका अवगाहन करते हैं। उन दोनों पूर्ण प्रेमियों को देखकर वह (प्रेम का) सागर भी हर्षित हो जाता है। (ध्वनि यह कि राधा कृष्ण के अतिरिक्त प्रेम तत्त्व का अवगाहन कोई अन्य नहीं कर सकता) उसी अगाध प्रेम सागर की तरल तरंगों (जो राधाकृष्ण को देखकर उमगती हैं) से किनारे पर (संसार में) छूटी हुई कोई एक बूंद (कण) समस्त लोकों में पूरित होकर उफनाई हुई है। (उस सागर की अगाधता का अनुमान भी सम्भव नहीं है जिसका एक कण मात्र समस्त लोकों को डुबाकर उफन उठने की क्षमता रखता है।) (तरल वस्तुतः कण का विशेषण है।) कवि कहता है कि वही (एक कण (बूंद) जो समस्त लोकों में उफनाया हुआ है) आनन्दघन और सुजान (तात्पर्य यह कि सांसारिक प्रेमी और प्रेमिका) के लिए हेत (सांसारिक लगाव, स्नेह, प्रेम) होता है। अन्त में कवि कहता है कि 'इस प्रकार मन को मथ कर मैंने प्रेम के स्वरूप का निश्चय किया (ठहरायौ) है'।

प्रेम का यह स्वरूप चिंतन और उससे अधिक अनुभव करने का विषय है। जितना गूढ़ तत्व है, स्पष्टीकरण उतना ही साफ है।

असाधारण प्रणयी कवि आनन्दघन का यह छन्द सांसारिक और ईश्वरीय प्रेम सम्बन्धी उनकी अवधारणा का स्पष्ट परिचायक है। सूफी इश्क मजाजी से इश्क हकीकी एक पहुंचने की बात करते हैं। इस छन्द में मानवीय प्रेम को ईश्वरीय प्रेम के ही एक कण के रूप में प्रतिष्ठित किया गया है।

प्रेम पयोधि के तट से ही विचार बेचारा घबराकर लौट आता है। वह सागर राधा और कृष्ण को पाकर हर्षित होता है। वे दोनों ही उसकी लहरों का अवगाहन करते हैं। उसी सागर की एक बूंद समस्त लोकों में उमड़ उठी है। आनन्दघन का, सुजान के प्रति प्रेम उसी कण का एक अंश है, ऐसा स्वरूप (उन्होंने अपने) प्रेम का निश्चित किया है।

आनन्दघन का श्रृंगार चाहे जितना ऐंद्रिय रहा हो, इस एक छन्द से स्पष्ट है कि अंततः वह उसी प्रेम का एक अंश है जो ईश्वरीय है। प्रेम के स्वरूप निरूपण की दृष्टि से यह एक अद्भुत छन्द है।

जा हित मात को नाम जसोदा सुबंस को चंद-कला-कुलधारी।
सोभा-समूह भई घनआनंद मूरति रंग-अनंग-जिवारी।
जान महा, सहजै रिझवार, उदार बिलास मैं रासबिहारी।
मेरो मनोरथ हू बहियै, अरु हैं मो मनोरथ पूरनकारी ॥ ३ ॥

भक्त कवियों ने भगवान की कृपा की असीमता और भक्तों का मनोरथ पूर्ण करने की उनकी आदत के प्रति अगाध श्रद्धा व्यक्त की है। इसीलिए बड़े से बड़ा भक्त अपने को बड़े से बड़ा पापी कहते हुए अघाता नहीं। अपनी सम्पूर्ण इच्छाओं की पूर्ति के लिए भक्त अपने आराध्य का ही स्मरण करता है। अपार प्रेम पयोधि में राधा के साथ अवगाहन करने वाले कृष्ण का स्मरण करते हुए इस छन्द में आनन्दघन उनसे प्रार्थना करते हैं कि अपने भक्तों के मनोरथ को नियन्त्रित करने और उनको पूर्ण करने का काम बहुत किया है। वह आपकी आदत है। आप मेरे मनोरथ को भी नियन्त्रित करें और उसे पूर्ण करें। अपनी प्रार्थना के लिए उपयुक्त भूमिका बाँधते हुए कवि कृष्ण के अद्भुत कार्यों का उल्लेख करता है, विशेषतः भक्तों की तृप्ति के लिए किए गए कार्यों का।

जिसके हित के कारण (जिसका स्नेह पाने के कारण) माता का नाम यशोदा (यश प्रदान करने वाली) पड़ा (चरितार्थ हुआ)। हितपूर्वक जिसके अवतरित हो जाने के कारण उस कुल (सुन्दर वंश, सुबंस) का नाम चंद्र की कलाओं को धारण करने वाला (चंद्र वंश), प्रसिद्ध हुआ; जो मूर्ति शोभा के समूह को धारण करने वाली तो हुई ही, अशरीरी (अनंग) काम के रंग को जीवन प्रदान करने वाली (जिलाने वाली, जियारी) भी हुई। (कृष्ण को देखने पर देखने वाली में बिना शरीर के होते भी काम जग पड़ता है।)इस तरह वह मूर्ति अनंग को पुनरुज्जीवित करने वाली हुई। दूसरी बात यह कि कृष्ण स्वयं कामदेव जैसे सुन्दर हैं। देखने पर लगता है, भस्मीभूत काम फिर सन्देह उपस्थित हो गया है। तीसरी यह कि कुछ कथाएँ अनिरुद्ध को काम का अवतार मानती हैं, किन्तु अधिकांश के अनुसार प्रद्युम्न ही काम के अवतार थे। (इस प्रकार अशरीरी काम को पुत्र के रूप में जीवन दान देने वाले कृष्ण ही हुए।)

जो महा ज्ञानी (जान, सब कुछ जानने वाले) सहज ही (रिझानेवाले पर) रीझ जाने वाले, अत्यन्त उदार और विलासपूर्ण रास में विहार करने वाले हैं, वे ही मेरे मनोरथ का 'भी' वहन करें अर्थात मेरे मनोरथ को गति और नियन्त्रण दें। साथ ही उस मनोरथ को पूर्ण करने वाले भी बनें।

यह छन्द भाव, भाषा और शिल्प की दृष्टि से अत्यन्त निखरा हुआ है। इसमें भाषा की नूतन गति दिखाई पड़ती है। अन्तिम पंक्ति में 'मनोरथ' के साथ 'हू' (जिसका अर्थ होता है 'भी') जोड़कर अन्य भक्तों की ओर संकेत है।

आपने अनेक भक्तों के मनोरथ का वहन किया है और पूरा किया है। मेरे मनोरथ का भी वहन (नियन्त्रण) करें और उसे पूरा करें। आप भक्तों और प्रेमियों के मनोरथ को नियन्त्रित करते हैं और उन्हें पूर्ण करते हैं। छन्द की प्रथम तीन पंक्तियों में भगवान के द्वारा परम सन्तुष्ट तृप्त भक्तों की गणना करा दी गई है, यशोदा, यदुकुल रति-काम, गोपियों और भक्तों आदि के मनोरथ पूर्ण होने का ही संकेत किया गया है।

मनोरथ 'वहन' करने में 'रथ वहन करना', 'रथ चलाना' जैसी 'क्रिया' की सजीव उपस्थिति से महाभारत की प्रसिद्ध घटना का सम्बन्ध सूत्र यहाँ जुड़ता है कि उस युद्ध में कृष्ण ने अर्जुन का रथ चलाया था। यहाँ भी रथ को वहन करने (चलाने की) प्रार्थना है। अन्तर एक अक्षर का है। यह केवल 'रथ' न होकर 'मनोरथ' है। आपने उनका (अन्य भक्तों का, फिर अर्जुन का) रथ चलाया था। मेरा 'भी' चलाएँ। यह सारी बात, कृष्ण-अर्जुन कथा सहित 'हू' के माध्यम से सम्प्रेषित हो रही है। एक अक्षर के प्रयोग से अर्थ की इतनी विशद व्यंजना का यह आश्चर्यजनक उदाहरण है।

प्रथम पंक्ति में यशोदा और चन्द्रवंश के नाम को कृष्ण द्वारा सार्थकता दिए जाने की बात कही गई है। कृष्ण के अवतार से पहले भी, 'यशोदा' और 'चन्द्र-वंश', ये नाम थे, किन्तु 'यशोदा' (यश प्रदान करने वाली) और (चन्द्र की कलाओं को धारण करने वाला अथवा 'कृष्ण चंद्र' को अपने मध्य धारण करने वाला) चंद्रवंश, जिसके हित (प्रेम, कृपा) के कारण हुआ, वे कृष्ण ही हैं, अन्य कोई नहीं।

इस छन्द की बड़ी विशेषता यह है कि इसमें आराध्य कृष्ण का नाम कहीं नहीं आया है। केवल विशेषणों और उपमानों के प्रयोग द्वारा 'विशेष्य' कृष्ण को मूर्त किया गया है। स्पष्ट है कि ये विशेषताएँ अन्य किसी में नहीं हैं, अतः वे ही, जिनमें ये सब विशेषताएँ हैं, मेरे मनोरथ को भी पूर्ण करें जैसे उन्होंने बहुतों का मनोरथ पूर्ण किया है।

भाव के स्तर पर तो छन्द और भी गम्भीर है। भक्त भगवान से सामान्यतः अपनी कामना की पूर्ति की प्रार्थना करते हैं, किन्तु यहाँ कामनापूर्ति की प्रार्थना नहीं की जा रही है। यह नहीं कहा जा रहा है कि 'हे भगवान हमको अमुक वस्तु प्रदान करो' बल्कि यह कहा जा रहा है कि 'हे भगवान्, बताओ कि हम तुमसे क्या माँगें ? और तब उस माँग (मनोरथ) को पूरा करो'। 'मनोरथ हू बहियै अरु हैं मो मनोरथ पूरनकारी।' आराध्य के प्रति समर्पण की यह परा-काष्ठा है जो वैष्णव भक्त के लिए अति सहज है। अनियन्त्रित मनोरथ भक्त के लक्ष्य के, निश्चय ही, प्रतिकूल होगा। इसलिए उसे पूरा करने की प्रार्थना नहीं है। नियन्त्रित मनोरथ को पूरा करने की प्रार्थना की गई है।

रूप की उलझि आछे आनन पै नई नई,
तैंसी तरुनई तेह - ओपी अरुनई है।
उलटि अनंग रंग की तरंग अंग अंग,
भूषण - बसन भरि आभा फैलि गई हैं।
महारस - भीर परैं लोचन अधीर तरैं,
आछी ओक धरैं प्यास - पीर सरसई है।
कैसे घनआनंद सुजान प्यारी छवि कहौं,
दीठि तो चकित औ' थकित मति भई है ॥ ४ ॥

रूप और यौवन से भरपूर प्रिया की छवि का वर्णन करने में अपनी दृष्टि और बुद्धि दोनों को असमर्थ पाकर प्रेमी कहता है :

तुम्हारे सुघड़ (आछे का प्रयोग बड़ी सादगी से हुआ है किन्तु व्यंजना इसकी बहुत स्पष्ट है) मुख पर रूप की राशि पूरी की पूरी उंडेल दी गई है। नित्य नई रूपराशि उंडेल दी जाती है (ऐसा लगता है), साथ ही तेजदीप्त लालिमा है जो नये तारुण्य से ही उत्पन्न होती है। (नई विशेषण 'तरुनई' के लिए भी है और रूप की 'उलझि' के लिए भी। तेह या तेहा का अर्थ होता है क्रोध, यहाँ यौवन के तीखेपन से आशय है।) तुम्हारे अंगों में अनंग (काम) की लहरें उलटकर (रूप के प्रभाव को), वस्त्राभूषणों तक फैल गई हैं। (धारा जब उलट जाती है तो आसपास के समस्त प्रदेश डुबा देती है। यहाँ ध्वनि यह है कि तुम्हारे कामोद्दीप्त सौन्दर्य से वस्त्राभूषण भी विशेष आकर्षक हो गए हैं।) रूप और यौवन के साथ काम के प्रवाह के उलट जाने से जो महारस (सब कुछ को अपनी बाढ़ में डुबा लेने वाला भाव) उत्पन्न हो रहा है उसके वेग (भीर) में पड़कर (मेरे) नेत्र अधीर हो रहे हैं। मेरे ये नेत्र तुम्हारे सौन्दर्य के प्रवाह को अपनी अंजलि (ओक) में भर-भरकर पी रहे हैं। उसी महारस में तैर भी रहे हैं, किन्तु विचित्रता यह है (कि) इतने पर भी प्यास की पीड़ा तीव्रतर होती जा रही है (प्यास पीर सरसई है)। प्रिया की जिस छवि के सम्मुख आश्रय के नेत्रों की यह दशा है, उस छवि के वर्णन में अपनी पूर्ण असमर्थता प्रकट करता हुआ वह कह रहा है कि उस प्यारी सुजान (जो सघन आनन्दरूप है) की छवि का बखान मैं कैसे करूँ? (उसके दो ही माध्यम हैं : दृष्टि और बुद्धि) मेरी दृष्टि (उस रूप के सम्मुख) चकित हो गई है और मेरी बुद्धि (जो वर्णन कौशल उत्पन्न करती) थक गई है, अर्थात् उस रूप का वर्णन सम्भव नहीं है।

अवर्ण्य होने के कई कारण संकेतित हैं, जिनमें नित्य नये रूप का प्रवाह उसको बढ़ाकर अवर्णनीय बना देता है। यही संकट बिहारी के चित्रकारों का है :

लिखनि बैठि जाकी सबी गहि गहि गरब गरूर।
भए न केते जगत के चतुर चितेरे कूर॥

भर अंजलि छककर पीने और उसी में तैरने के बाद भी प्यास का बढ़ना इस रूप-जगत की परिचित गति है :

त्यों त्यों प्यासोई रहत ज्यों ज्यों पियत अघाय।
सगुन सलोने रूप की जु न चख-तृषा बुझाय॥
(बिहारी)

प्रिया के असाधारण रूप के वर्णन में असमर्थ प्रेमी की उक्ति है : रूप की उलझि (उफनते हुए रूप की राशि)। मेरे नेत्र अपनी अंजलि में भर-भरकर तुम्हारे रूप की राशि का पान करते हैं, किन्तु उस उफनते हुए रस की भीड़ उन पर (मेरे नेत्रों पर) पड़ी हुई है। नित्य नये रूप का उफान होता है। वस्त्राभूषण जो सुन्दर दिखाई दे रहे हैं सो इसलिए कि उन पर तुम्हारे रूप की आभा फैल गई है। उस रूप का वर्णन कैसे करूँ ? दृष्टि चकित है और मति (बुद्धि) थक गई हैं। 'आछे आनन' और 'तेह ओपी तरुनई' में असाधारण शक्ति भरी हुई है।

सोभा-बरसीली सुभ सील सों लसीली,
सु रसीली हंसी हेरैं हरै बिरह-तपति है।
अति ही सुजान प्रान-पुंज-दान बोलनि मैं,
देखी पैज-पूरी प्रीति-नीति कों थपति है।
जाके गुन बांधे मन छूटै और ठौरनि तै,
सहज मिठास लीजै स्वादनि सपति है।
पानिप अपार घनआनंद उकति ओछी,
जतन जुगति जोन्ह कौन पै नपति है॥ ५॥

सौन्दर्य वर्णन में आनन्दघन अनेक सिद्ध कवियों को पीछे छोड़ जाते हैं। इस छन्द में तो निहायत सादगी के साथ उन्होंने अपने को ही पीछे छोड़ दिया है। प्रेमी प्रिया के रूप से इतना अभिभूत है कि वह उसके लिए किसी उपमान की बात सोच ही नहीं सकता। केवल उसकी विभिन्न मुद्राओं के प्रभाव का उल्लेख करता है और अन्त में कह उठता है कि उसके रूप का वर्णन कैसे हो सकता है ? भला चांदनी को किसी उपाय से नापा जा सकता है ?

वह कहता है कि शोभा की वर्षा करनेवाली, शुभ शील (सीलन, जो कड़े से कड़े स्वभाव वाले को नरम कर देने में सक्षम है) से युक्त, लसीली (लसीली में

आश्रय की दृष्टि को चिपका लेने की क्षमता सूचित है) और पूर्ण रस (शृंगार) से भरी हुई (वह प्रिया) जब एक बार किसी की ओर हँसकर देख लेती है (हेरै) तो वह (आश्रय, दर्शक के) विरह ताप का हरण कर लेती है। (एक दृष्टि में इतनी अनुकूलता है।) वह अति कुशल (सुजान) है अतः बोलती है तो प्राणपुंज का दान कर देती है। (विरही प्राणशून्य हो और यह एक बार उससे बोल दे तो उसके प्राण लौट आते हैं।) वह प्रण की पूरी दीखती है अर्थात संकल्प की दृढ़ता उसमें स्पष्ट दिखाई देती है। रूप की सम्पूर्णता की प्रतिज्ञा उसके सौन्दर्य में पूरी हो जाती है। इस प्रकार प्रण की पूरी होने के कारण (जैसी सुन्दरियाँ प्रायः नहीं होतीं) वह प्रीति की नीति को पूरी तरह स्थापित करती है (थपति)।

विरहताप को हरने में सक्षम दृष्टि, सुधोपम प्राणसंचारिणी वाणी और प्रीतिरीति की स्थापना करने वाली दृढ़ता उसे अन्य सुन्दरियों से अलग कर देती हैं। इसीलिए उस प्रिया के गुणों से बँध जाने पर (प्रेमी, आश्रय का) मन और सभी स्थानों (आकर्षण केन्द्रों) से छूट जाता है। (गुन के श्लेष पर आधारित विरोध का चमत्कार उत्कृष्ट है। रस्सी से बँधा हुआ मुक्त होने की विपरीत अवस्था है। यहाँ प्रिया के गुणों (रस्सी और विशेषताएँ) से बँधकर प्रेमी अन्य सब बंधनों से मुक्त हो जाता है। इस विरोधाभास के आधार पर पूरे छन्द में एक रहस्यात्मकता आ जाती है।)

प्रेमी कहता है कि उस (प्रिया) की सहज मिठास (दृष्टि की, वाणी की, रूप की, स्पर्श की अर्थात सम्पूर्ण प्रभाव की) पा लेने पर (जो तृप्ति मिलती है, वह तृप्ति) सम्पूर्ण (सांसारिक) स्वादों को शाप दे देती है अर्थात नगण्य ठहरा देती है।

अन्तिम चरण में प्रिया के प्रभाव से अभिभूत प्रेमी कहता है कि वह रूप का पानी (पानिप, मोती के पानी की तरह) अपार है (उसकी कोई सीमा नहीं हो सकती) दूसरी ओर उसका वर्णन करने के लिए मनुष्य के पास जो साधन है, वाणी (उक्ति), वह बहुत उथली (ओछी, असमर्थ) है। इस असमर्थ वाणी से उस रूप का वर्णन करना संभव नहीं है। (वह पूछता है कि) क्या किसी उपाय और साधन (जतन जुगति) से चाँदनी को नापा जा सकता है?

तुलसीदास की 'साक बनिक मनिगन गुन जैसे' जैसी पंक्तियों में जो व्यंजना है, आनन्दघन का रागपूरित मन इस अछूते तर्क से उससे भी आगे बढ़ जाता है।

इस सौन्दर्यवर्णन में केवल प्रभाव की बात है। कहीं भी उपमान योजना द्वारा कोई तुलना नहीं की गई है। पूरा छंद स्वानुभूति की सघनता से अनुप्राणित है। स्वानुभूति की यही आवेगमयी तीव्रता आनन्दघन के असाधारण विरह के मूल में है।

प्रिया के रूपैश्वर्य की अवर्णनीयता। परम्परागत अलंकार योजना से रहित इस छन्द में आनन्दघन का रागपूरित हृदय प्रिया के अकथनीय सौन्दर्य का आभास सहज ही करा देता है। वह केवल इतना कहता है कि वह पानी (रूप का पानी, मोती के पानी की तरह) अपार है और उसको वर्णन में बाँधने वाली प्रत्येक उक्ति ओछी है। भला ज्योत्स्ना किसी के द्वारा मापी जा सकती है।

पाँचवीं पंक्ति में असंगति का ललित प्रयोग। स्मृति-चित्र के रूप में इसका प्रभाव बढ़ जाता है।

रति-सांचें ढरी अछवाई भरी-पिंडुरीन गुराइयै पेखि पगै।
छवि घूमि घुरै न मुरै मुरवान सों लोभी खरो रस झूमि खगै।
घनआनंद एंड़िनि आनि मिड़ै तरवानि तरे तें भरै न डगै।
मन मेरो महाउर चायनि च्वै तुव पायनि लागि न हाथ लगै ॥६॥

ऐंद्रिय शृंगारदृष्टि से पुरुष के मन का प्रगाढ़ राग सुन्दरी प्रिया के प्रति इस छन्द में मुखर हो गठा है। प्रस्तुत छन्द में रूपवर्णन की एक अन्य विशेपता यह है कि इसमें प्रिया की पिंडलियों के नीचे पाँवों और उनके उपांगों का ही वर्णन हुआ है। भारतीय सौन्दर्य दृष्टि से नखसिख में सभी अंगों की गणना तो होती है किन्तु पाँवों (विशेषत: पिंडलियों) पर इतना ध्यान केन्द्रित नहीं किया जाता है। पाश्चात्य सौन्दर्यदृष्टि में पिंडलियों का महत्त्व अवश्य बहुत अधिक है। इस छन्द से आनन्दघन के अन्तर में पैठे सौन्दर्यपूजक प्रेमी की ऐन्द्रिय दृष्टि पहचानी जा सकती है।

प्रिय के पाँवों पर रीझा हुआ प्रेमी कहता है कि मेरा मन, रति के सांचे में ढली हुई रमणीयता और तराश की सफाई से भरी हुई (अछवाई का अर्थ सफाई होता है। आगे गोराई का उल्लेख अलग से है, इसलिए यह तराश की सफाई ही हो सकती है।) तुम्हारी पिंडलियों की गोराई को देखकर उसी में लिप्त हो गया (पग)। पाँवों की मादक छवि में मेरा मन उन्मत्त (घूमि) वहीं चक्कर काटता रहता है (घुरै)। रूप का लोभी वह (मेरा मन) तुम्हारे मुरवों (पाँव का गट्टा = मुरवा। दोनों पाँवों के लिए बहुवचन मुरवान) को छोड़कर वहाँ से वापस मेरी ओर मुड़ता ही नहीं, वहीं अड़ गया है (खगै) और रस-मत्त होकर झूमता रहता है। (मेरा मन मेरी ओर लौटने के बदले तुम्हारे पाँवों के नीचे सरकता जा रहा है) हे सघनआनन्दरूप प्रिय, तुम्हारी एड़ियों से मेरा मन चिपक गया है (मिड़ै) और एड़ियों से भी आगे बढ़कर तुम्हारे पाँवों के तलवों (तरवानि) के नीचे से (उनकी लालिमा में खो जाने पर) तो वह डग

ही नहीं भर रहा है। तुम्हारे पाँवों में लगे महावर के चाव (अनुराग में) (मेरा मन) चू गया है। (अन्त में कवि की विशिष्ट मुहावरेबाजी का कमाल है। प्रेमी कहता है कि इस प्रकार) तुम्हारे पाँवों से लग कर, मेरा मन, अब मेरे हाथ नहीं लगता अर्थात तुम्हारे पाँवों के असाधारण सौन्दर्य के कारण मेरा मन मेरे हाथों से निकल गया। पाँवों से लगकर हाथ न आने के विरोध में भी गजब की शक्ति है।

सुजान के रूप पर रीझ कर बादशाह की उपेक्षा करने वाले आनन्दघन का यह मन ही उनके काव्य को इस कोटि का काव्य बनाने में समर्थ है। रूपासक्ति के सहज और आवेगमय चित्र की प्रस्तुति इस छंद की वह विशेषता है जो अन्यत्र दुर्लभ है।

ऐन्द्रिय चित्र और मांसल सौन्दर्य के प्रति आनन्दघन की आसक्ति इस छन्द में स्पष्ट है। पिंडलियों से लेकर महावर लगे पाँवों तक का सौन्दर्य इतने समर्थ ऐन्द्रिय चित्र का विधायक अन्य कवियों के यहाँ प्रायः नहीं है। 'तुम्हारे पाँवों से लगकर मेरा मन मेरे हाथ नहीं लगता' में लोकोक्ति की परिष्कृति अप्रतिम रूप में हुई है। ऐसी ही रीझ बादशाह की उपेक्षा करा सकती थी।

आनन की सुथराई कहा कहौं जैसी विराजति है जिहि औसर।
चंद तौ मंद मलीन सरोरुह एकहू रंग न दीजियै जौ सर।
नैन अन्यारे तिरीछी चितौनी मैं हेरि गिरै रतिप्रीतम कौ सर।
जान हियें घनआनन्द सौं हंसि फैलि फबै सु चमेली की चौसर ॥ ७ ॥

प्रिया मुख की वेधक माधुरी के साथ उसकी हँसी को मूर्त करने वाला यह छन्द सौन्दर्य के प्रभाव की व्यंजना की दृष्टि से उत्कृष्ट कोटि का है। प्रिया के रूप पर मुग्ध प्रेमी कहता है :

मुख की सुघड़ता (सुथराई) का वर्णन किस प्रकार करूँ ? (जब जैसा अवसर हो उसके अनुरूप पहले से अधिक बढ़कर प्रकट होने वाली उस आभा के विषय में कुछ भी कहना अपर्याप्त होगा।) जिस अवसर पर वह आभा जैसी विराजती है, उसका वर्णन नहीं किया जा सकता। (जहाँ तक उपमानों के आधार पर उसका वर्णन करने का सवाल है) चन्द्रमा उसके सामने (दीप्ति की कमी के कारण) मंद पड़ जाता है। और कमल (मुख की ताजगी के समक्ष) मलिन हो जाता है। (सम्पूर्ण सृष्टि में) एक भी रंग ऐसा नहीं है जिससे उस मुख की समता की जा सके (दीजियै जौ सर)। उस प्रिया के अन्यारे (नुकीले) नयनों से तिरछी चितवन (जब चलती है तो) रति के प्रियतम (काम) के बाण

(आश्रय के हृदय में) गिरने लगते हैं अर्थात् अपनी तिरछी और नुकीली चितवन से वह प्रिया जिसकी ओर देखती है उसके हृदय में काम के बाण भर जाते हैं। इसका एक और अर्थ भी किया जा सकता है कि काम के बाण प्रिया के चितवन को देखकर (उसके इशारे पर) ही चलते हैं। सघन आनन्द से भरी हुई जब वह प्रिया (जान) हँसती है तो (उसकी उज्ज्वल हँसी मूर्त होकर) गले में पड़ी हुई चमेली की चौलड़ी माला (चौसर) के रूप में फबती है।

अंतिम पंक्ति में भाषा का संकेत काफी दूर तक है। आनन्दघन ने अपने छन्दों में 'जान' या 'सुजान' का प्रयोग स्त्री और पुरुष दोनों के अर्थ में किया है। यहाँ अगर 'जान' का अर्थ नायक (आश्रय) मानें तो अर्थ होगा 'उस प्रिया की सघन आनन्द देने वाली हँसी समझदार प्रेमी (जान- आश्रय) के हृदय में (वक्षस्थल पर) चमेली की चौलड़ी माला बनकर खिलती है।' एक अन्य रूप-चित्र इस संभावना को पुष्ट करता है :

हँसि बोलनि में छवि फूलन की बरखा उर ऊपर जाति है ह्वै।

वैसे यह मानकर भी अर्थ किया सकता है कि प्रिया के गले में चमेली की चौलड़ी माला पड़ी हुई है जिसके साथ उसकी उज्ज्वल हँसी और भी शुभ्रता के साथ फैल जाती है।

व्यतिरेक के सुन्दर प्रयोग के साथ ही अलंकार के परम्परागत रूप से आगे के संकेत छन्द में हैं। पहली पंक्ति की असमर्थता का रहस्य प्रतिपल प्रिया के सौन्दर्य में आने वाली नवीनता में है। 'क्षणे क्षणे यन्नवतामुपैति तदेवरूपम्।' सम्पूर्ण चित्र को यदि स्मृति में उभरा मान लें तो काव्यार्थ में और मार्मिकता आ जाती है।

प्रिया के मुख की अपूर्व माधुरी और उसकी उज्ज्वल हँसी का मूर्तीकरण व्यतिरेक का ललित रूप तो है ही, प्रतिपल वर्द्धमान सौन्दर्य का संकेत बहुत स्पष्ट है। 'जैसी विराजति है जिहि औसर', ऐसी सुथराई अवर्णनीय है। नेत्रों की तिरछी चितवन को देखकर (चितवन का अनुसरण करते हुए) काम के बाण (आश्रय के मर्मस्थल पर) गिरते हैं। उज्ज्वल हँसी उस सुजान के हृदय (वक्षस्थल) पर चमेली की माला की भाँति फबती है।

अँगुरीन लौं जाय भुलाय तहीं फिरि आय लुभाय रहे तरवा।
चपि चायनि चूर ह्वै एड़िनि छ्वै धपि धाय छकै छवि छाय छवा।
घनआनन्द यौं रस-रीझनि भीजि कहूँ विसराम विलोक्यो न वा।
अलबेली सुजान के पायन-पानि पर्‌यो न टर्‌यो मन मेरा झवा ॥८॥

प्रेमी प्रेमिका के पाँवों के सौन्दर्य पर लुटे हुए अपने मन की स्थिति का वर्णन कर रहा है । यह कथन सीधे नायिका को सम्बोधित नहीं है । (उसका उल्लेख अन्य पुरुष में है) अतः इसको दूतीकथन का सन्दर्भ दिया जा सकता है। नायिका तक उसकी (प्रेमी की) बात पहुँच जाए, इसलिए वह अपने मन की हालत सखी या दूती से कर रहा है।

पहले मेरा मन (प्रिया की) अंगुलियों (पाँव की) तक गया और वहीं भूल गया । (वहां से किसी तरह बचा तो) फिर तलवों तक आकर लुब्ध हो गया। (तलवों के सौन्दर्य के प्रति लोभ का यह परिणाम हुआ कि) उनसे (तलवों से) चंपकर (यद्यपि चंपते हुए भी मन ने स्नेह—चायनि—का ही अनुभव किया) चूर-चूर होकर (किसी तरह) दौड़कर (धपि) एड़ियों को छूकर (बच सका) अर्थात् तलवों की पकड़ से छूट सका । वहाँ पर फिर छवा(एड़ी के पीछे का भाग) की छवि से छाकर (आप्लावित होकर) छक गया । इस प्रकार मेरा मन रस और रीझ (अथवा रीझ के रस) के सघन आनन्द से भीग गया । वह बेचारा (वा) कहीं भी विश्राम का दर्शन न पा सका अर्थात् मन बेचारे को कहीं विश्राम न मिला ।

(अन्त में आनन्दघन की लाक्षणिक शैली का चमत्कार है) उस अलवेली प्रिया सुजान के (सुन्दर) पाँवों के हाथों में पड़ा हुआ मेरा मन (वहाँ से) हट न सका (और) वहीं (उन पाँवों को साफ करने वाला) झाँवा बनकर रह गया।

रीतिकालीन कविता में गुलाब की पंखुड़ी का झंवा, प्रेमी की पलकों का झंवा तो वर्णित है, यहाँ आनन्दघन प्रेमी के मन से ही प्रिया के पाँवों के लिए झंवा का काम ले रहे हैं।

'पाँवों के हाथों पड़ा मन' विलक्षण प्रयोग है ।

अद्भुत रूपश्री वाली सुजान के पाँवों के हाथ पड़ा हुआ मेरा मन उसके पाँवों का झंवा होकर रह गया है । बिहारी गुलाब की पंखड़ी के झंवा की बात करते हैं, यहाँ मन (प्रेमी का मन) झंवा होकर रह गया है। 'पायन-पानि' में लाक्षणिक ढंग से मुहावरे का प्रयोग अप्रतिम है ।

आड़ न मानति चाड़-भरी उघरी ही रहै अति लाग-लपेटी ।
ढीठि भई मिलि ईठि सुजान, न देहि क्यौं पीठि जु दीठि सहेटी ।
मेरी ह्वै मोहिं कुचैन करें घनआनंद रोगिनी लौं रहें लेटी ।
ओछो वड़ी इतराति लगी मुंह नेकौ अघाति न आँखि निपेटी ॥६॥

प्रिय के रूप को बार-बार देखती रहने पर भी भूखी आँखों पर खीझती हुई नायिका स्वगत कहती है कि प्रिय के रूप को देखते रहने के बावजूद ये भूखी आँखें रात-दिन अतृप्त ही रहती हैं। पूर्वराग की अवस्था है।

अपनी आँखों की अतृप्ति से बेचैन नायिका कह रही है कि ये प्रणयोत्साह (चाड़) से इतनी भरी हुई हैं कि ओट का भी ख्याल नहीं रखती। (गुरुजनों या अन्य लोगों की आँख की ओट ही प्रिय की ओर देखना उचित है किन्तु कोई ये ऐसा बन्धन नहीं मानतीं) ये लाग (प्रीति) से इतनी लिपटी हैं कि (प्रिय को देखने के लिए) सदा खुली ही रहती हैं। (उघरी, नंगी रहना भी मुहावरा है 'लोकलाज छोड़कर किसी के पीछे पड़ना'।)

ये (आँखें) ढीठ हो गई हैं। (किसी का ख्याल नहीं करतीं) विशेषत: अपने इष्ट (काम्य) सुजान (सयाने प्रिय) से मिलकर (इनकी धृष्ठता और बढ़ गई है) इन आँखों की आंखें (दीठि) सदा सहेट (संकेत स्थल, मिलन स्थल, यहाँ तात्पर्य प्रिय का रूप) की ओर लगी रहती हैं, वहाँ से कभी पीठ नहीं देतीं अर्थात् पीठ नहीं फेरतीं।

ये आँखें मेरी हैं किन्तु मुझे सदा बेचैन करती हैं (मेरी होने के कारण मुझे कोई छूट देने के बदले सताती हैं) और ये रोगिनी की तरह ही लेटी रहती हैं (प्रियदर्शन के निमित्त एकटक निश्चेष्ट पड़ी रहती हैं)।

ये इतनी ओछी हैं (थोड़ी उपलब्धि पर इतराने वाली) कि इतने में ही (पूर्वराग में प्रिय का दूर से दर्शन मात्र पाने पर) इतरा रही हैं। ये मेरे मुंह लग गई हैं (मेरा अनुशासन नहीं मानतीं) और ये (वैसे तो) निपेटी हैं (आँखों के पेट नहीं होता, किन्तु 'निपेटी' की वक्र व्यंजना 'पेटू' होने की है) किन्तु जरा भी (नेको) तृप्ति का अनुभव नहीं करती, रात-दिन भूखी रहती हैं।

पूर्वराग का चित्र। प्रिय के रूपैश्वर्य को देखकर प्रेमी की आँखें जिस अतृप्ति का अनुभव करती हैं, उसी का वर्णन है। आश्रय को रात-दिन कुचैन (विकलता) में डाले रखने वाली भुक्खड़ आँखें बड़ी ओछी हैं। इस छन्द में एक साथ ग्यारह मुहावरों का प्रयोग हुआ है। तुलनीय :

त्यों त्यों प्यासोई रहत, ज्यों ज्यों पियत अघाय।
सगुन सलोने रूप की जु न चख-तृषा बुझाय॥

(बिहारी)

निपेटी : इस शब्द का प्रयोग आनन्दघन ने अन्यत्र भी किया है :

देखिये दसा असाध अँखियाँ 'निपेटनि' की
भसमी बिथा पै नित लंघन करति हैं।

(विश्वनाथप्रसाद मिश्र : घ.आनंद कवित्त, छंद २१, पृ० ५६)

कंठ-काँच-घटी तें बचन चोखो आसव लै,
अधर-पियालें पूरि राखति सहेत है।
रूप-मतवारी घनआनंद सुजान प्यारी,
काननि ह्वै प्राननि पिवाय पीवै चेत है।
छकेई रहत रैन-द्यौस प्रेम-प्यास-आस,
कीनी नेम-धरमं कहानी उपनेत है।
ऐसे रस-वस क्यौं न सोवै और स्वाद कहो,
रोम रोम जाग्यौई रहत मीनकेत है ॥१०॥

प्रिया के बचनरूपी मद में छके हुए प्रेमी की स्थिति का वर्णन विरोध के चमत्कार द्वारा किया गया है। छके हुए प्रेमी के रोम-रोम में काम जाग्रत रहता है जबकि उसी मद के प्रभाववश उसकी समस्त स्वादेंद्रियाँ सोई रहती हैं। (यह जागना-सोना साथ-साथ होता है।)

प्रिया अपने कंठरूपी काँच की सुराही से बचनरूपी तेज शराब (चोखो आसव) लेकर उसे अधररूपी प्याले में ढालकर स्नेहपूर्वक अथवा भेदपूर्वक (सहेत) रखती है। (शराब की महफ़िलों में खुम, सुराही और प्याला सबका प्रयोग होता है। साक़ी द्वारा पिलाई गई शराब के नशे में पीने वाले झूमते हैं। स्वयं वह अपने रूप के नशे में ही झूमती रहती है। यहाँ पूरी प्रक्रिया का ध्यान रखा गया है।) सघनआनन्द स्वरूप वह प्यारी सुजान (स्वयं तो) अपने रूप के नशे में ही मतवाली (रूप-मतवारी) रहती है किन्तु मेरे (प्रेमी के) कानों के रास्ते (अपने अधरों का आसव) प्राणों तक पिला देती है। (एक ओर वह वचनरूपी आसव पिलाती है और दूसरी ओर पीने वाले की) चेतना (चेत) को स्वयं पी जाती है। (साधारण शराब पिलाने वाली पीनेवाले का धन लेती है, यहाँ वचनासव कानों से पिलाकर वह पीने वाले की चेतना को ही पी जाती है।)

पीनेवाले प्रेमी की दशा यह है कि वह रात-दिन प्रेम की बढ़ती हुई प्यास (को बुझाने) की आशा में छका रहता है। (बिहारी ने भी कहा है : त्यों-त्यों प्यासोई रहत, ज्यों-ज्यों पियत अघाय।) इस प्रकार उसने नियम और धर्म की नई कहानी गढ़ ली है (अर्थात् उसने पुरानी कथा को छोड़ दिया है)। पीने वाला नियम धर्म का पालन नहीं करता है, यहाँ भी वह सारे नियम धर्म को छोड़ चुका है, यही संकेत है।

'उपनेत' का अर्थ 'उत्पन्न करना है' पर उसका सीधे निषेधात्मक अर्थ भी लिया जा सकता है। इस प्रेमी ने नियम धर्म की कथा (परम्परा) का अति-

क्रमण कर दिया है। (उपनेत—अतिक्रमण करना) यही बात 'नई कहानी उत्पन्न कर ली है' से भी सूचित है। नई कहानी गढ़ ली है अर्थात् पुरानी को छोड़ दिया है।

अन्त में विरोध के चमत्कार से उक्ति की मार्मिकता और बढ़ जाती है। ऐसे रस (अद्भुत प्रेममद) के वश में रहने वाले (प्रेमी—आश्रय) के अन्य स्वाद क्यों न सो जाएँ (जबकि उसके) रोम-रोम में काम जगा रहता है। रोम-रोम में जागरण होने पर अन्य स्वादों के सो जाने में ऊपरी तौर पर विरोध है, किन्तु आन्तरिक संगति यह है कि जब रोम-रोम में काम की कामना जगी हो तो अन्य स्वादों की आकांक्षा स्वतः सो जाती है।

प्रेमी की चेतना को विलुप्त करके उसके रोम-रोम में काम की कामना जगा देना और अन्य सभी वृत्तियों को सुला देना ही वह हेत (कारण) है जिसके लिए प्रिया ने वचनरूपी शराब को कंठरूपी सुराही से अधररूपी प्याले में ढाल कर (सहेत) रख लिया है।

विरोध के चमत्कार द्वारा प्रिया के रूपमद में छके प्रेमी की स्थिति। सुन्दर रूपक। साधारण सुन्दरी दूसरों को सुरा पिलाकर उनका धन हरण करती है। यहाँ नायिका वचन रूपी आसव पिलाने के साथ ही प्रेमी की चेतना को पी जाती है। 'पीना' साँप आदमी के सीने पर बैठकर उसकी साँस को पीता है और उसी के साथ अपना जहर उसकी साँसों में भर देता है।[1] प्रेमी ऐसे रस के वश में है कि उसके रोम-रोम में काम जगा रहता है जिससे अन्य समस्त स्वाद सो जाते हैं। अन्य किसी बात का ध्यान ही नहीं रह जाता। कामातुर व्यक्ति की अन्य चीजों से उदासीनता जगजाहिर है। घनानन्द की प्रेमपीर का कारण यही स्थिति है।

जो ऐंद्रियता आनन्दघन के संयोगसुख की प्रगाढ़ता और विरह की तीव्रता का कारण है, उसका आभास 'रोम-रोम जाग्योई रहत मीनकेत है' जैसी स्थितियों से स्पष्ट रूप में मिल जाता है।

'सहेत' से यह भी व्यंजित है कि नायिका प्रिय को वचनासव उसे वश में रखने के लिए पिलाती है।

'उपनेत' का अर्थ वृहत हिन्दी कोश (ज्ञानमंडल) में 'उत्पन्न करना' दिया गया और प्रमाण में यही पंक्ति 'कीनी नेम धरम कहानी उपनेत है' उद्धृत की है। अन्यत्र इस शब्द का इस अर्थ में प्रयोग नहीं मिलता है।

---

१. मैथिलीशरण गुप्त ने भी 'नहुष' में 'पीना सांप' का उल्लेख किया है :

'पीकर जगा गया हो जैसे उसे पीना साँप।'

(नहुष, संस्क० १६, पंक्ति १०, पृ० ६१)

रस-आरस-भोय उठी कछु सोय लगी लसैं पीक पगी पलकैं।
घनआनंद ओप बढ़ी मुख और सु फैलि भवीं सुथरी अलकैं।
अंगराति जंभाति, लसैं सब अंग अनंगहि अंग दियें झलकैं।
अधरानि मैं आधिय बात धरैं लड़कानि की आनि परैं छलकैं।।११।।

मांसल सौन्दर्य का मूर्त अंकन करने वाला यह चित्र संयोग के दिनों का है। विरह में जब यह चित्र विरही मानस पर उभरता है तो उतने ही गहरे दुख की सृष्टि करता है, जितनी प्रगाढ़ तृप्ति संयोग में उससे मिलती थी। इस प्रकार के छन्दों में आनन्दघन की तीव्र प्रेमानुभूति और असाधारण विरह का रहस्य खुलता है।

विरही के मन में प्रिया का यह रूप उभरता है। रस (शृंगार) और आलस में अथवा रसजन्य (काम तृप्ति के बाद के) आलस्य में भीगी हुई (भोय), जागने पर भी कुछ-कुछ सोती हुई-सी (अधमुंदी) और पान की पीक से सुशोभित पलकों (प्रिय के पानयुक्त अधरों से चुम्बित पलकों पर पीक के चिन्ह) से युक्त उस मुख की आभा (ओप) और भी अधिक बढ़ गई है। स्निग्ध अलकावली, जो सँवारी गई थी, (रमण के कारण) फैल कर (भवीं) मुख की शोभा को और बढ़ा रही हैं। अँगड़ाई लेती और जम्हाती है, (इससे अंग-अंग में जो लहर उठती है तो ऐसा लगता है जैसे) उसके सभी अंगों में बिना अंगवाला (कामदेव) झलक रहा है, अथवा अँगड़ाई और जम्हाई के कारण लहराते हुए उसके अंग काम को मूर्तिमान करते हुए (शरीर देते हुए) झलक रहे हैं। उसके अधखुले अधरों में आधी बातें और मस्ती (खिलंदड़ेपन) की अदाएँ छलकी पड़ रही हैं। 'अंगों में अनंग झलक' में विरोधाभास की छटा द्रष्टव्य है।

अन्तिम शब्द 'छलकैं' को छन्द की मुद्राओं से अलग करके देखें तो इस प्रकार अर्थ होगा कि विरही के मानस में प्रिया की ऐसी छवि, इन मुद्राओं के साथ, छलकी पड़ रही है। इससे उसका विरह अदम्य रूप में भड़क उठता है।

वर्तमान काल की क्रियाओं के आधार पर इसे संयोग का चित्र भी माना जा सकता है। इस दृष्टि से भी इसका महत्त्व कम नहीं होगा, किन्तु विरहावस्था में स्मृति पट पर उभर कर यह शृंगार-चित्र उद्दीपन (स्मृति संचारी के रूप में) करने में विशेष रूप से समर्थ है।

ऐंद्रिय चित्रों को उभारने में यह छन्द विशेष सफल है। अँगड़ाई, जम्हाई, पीकरंगी पलकों के खुलने मुंदने की गति, अधरों में अनकही बातें, हावपूर्ण चेष्टाएँ और अंग-अंग में लहरें लेता हुआ अनंग, शुद्ध शृंगार का महत्त्वपूर्ण चित्र है। विरह की दृष्टि से सहज अनुमान लगाया जा सकता है कि ऐसी प्रिया के

अभाव का दुख कितना बड़ा होगा। आनन्दघन की विरहानुभूति इसी सौन्दर्य से अनुप्राणित है।

अंजन त्यौर ही ताक्यौ करै नित पान लखै मुख-त्यौं-रंग-चायनि।
और सिंगार सदा घनआनंद चाहैं उमाह सों आपने दायनि।
तू अलबेली सरूप की रासि सुजान बिराजत सादे सुभायनि।
ऐ परि नाच कैं साँच छक्यौ जु लटू भयौ लाग्यौ फिरै तुव पायनि॥१२॥

प्रस्तुत छंद में आश्रय निर्विवाद रूप से पुरुष है और आलंबन है सहज सौन्दर्य की राशि वह नायिका जिसके अंगों की ओर शृंगार के समस्त उपकरण आशा भरी दृष्टि से देखते रहते हैं कि वह हमें धारण करे और हम कृतार्थ हो जाएं।

प्रेमी प्रिया के प्रति कहता है कि हे रूप की राशि, अलबेली, सुजान, स्वाभाविक रूप से, सादगी में ही तुम अद्भुत लगती हो। (सुन्दरियां आभूषणों से अपने अंग अलंकृत करती हैं किन्तु तुम्हारे अंगों में सहज सौन्दर्य इतना अधिक है कि वे आभूषण ही याचनाभरी दृष्टि से तुम्हारी ओर देखते रहते हैं।) अंजन तुम्हारी त्यौरियों को देखता रहता है (परम आश्रित व्यक्ति ही स्वामी की त्यौरी चढ़ने से इतना घबराता है कि उसकी दृष्टि कोई काम करते समय स्वामी की त्यौरियों की ओर ही लगी रहती है। वैसी ही अंजन की स्थिति है।) (दूसरी सुन्दरियों के अधरों की शोभा बढ़ाने वाला) पान तुम्हारे अधरों पर खिलकर अपनी शोभा बढ़ाने के लिए तुम्हारा मुंह जोहता रहता है। अन्य जितने शृंगार (के उपकरण) हैं, वे सब के सब उमंगपूर्वक तुम्हारे अंगों से लगकर स्वतः प्रकाशित तुम्हारे अंगों से अपना-अपना दाय (अभीष्ट सार्थकत्व) पाना चाहते हैं। नृत्य सच्चा होने के लिए (अपनी सार्थकता प्रमाणित करने के लिए) तुम्हारे पांवों पर लट्टू होकर उनसे लगा-लगा डोलता है।

उपमेय के सौन्दर्य की प्रतिष्ठा के लिए प्रसिद्ध उपमानों को श्रीहीन अथवा न्यून बताकर प्रतीप और व्यतिरेक की योजना की जाती है। प्रस्तुत छन्द में प्रसिद्ध उपमानों की चर्चा सीधे नहीं की गई है। सुन्दरी के अंगों को अलंकृत करने वाले आभूषणों को उसके अंगों के समक्ष अत्यन्त दीन मुद्रा में याचक के भाव से खड़ा करा दिया गया है। तुलना का सवाल ही नहीं उठता। इस छन्द के मुहावरों की शक्ति विचारणीय है। जिस अंग के प्रति आभूषण का याचक भाव वर्णित है, उसी अंग से सम्बद्ध मुहावरे के द्वारा बात कही गई है। अंजन आंखों का अलंकरण है तो वह त्यौरियां देखता रहता है, पान मुख-भूषण है तो नायिका का मुंह जोहता रहता है और नृत्य उसके पांवों से लिपटा रहता है।

प्रस्तुत छन्द भाव की दृष्टि से संयोग शृंगार का चित्र है, किन्तु विप्रलंभ के सन्दर्भ में इसकी मार्मिकता बढ़ जाती है। विरही प्रिया के सौन्दर्य को स्मरण करता हुआ उसके लिए पल-पल तरस रहा है।

पुरुष प्रेमी प्रिया के रूप का वर्णन करता हुआ कहता है कि शृंगार के समस्त उपकरण तुम्हारे अंगों से लगकर चरितार्थ होना चाहते हैं।

'नाच कै साँच' नृत्य अपने को सच्चा करने के लिए तुम्हारे पाँवों से लगा फिरता है। व्यतिरेक का उत्कृष्ट रूप।

अंग-अंग आभा-संग द्रवित स्रवित ह्वै कै
रचि सचि लीनी सौंज रंगनि घनेरे की।
हँसनि लसनि आछी बोलनि चितौनि चाल,
मूरति रसाल रोम-रोम-छबि हेरे की।
लिखि राख्यौ चित्र यौं प्रवाहरूपी नैनन पै
लही न परति गति ऊलट अनेरे की।
रूप को चरित्र है अनंदघन जान प्यारी
ऐं किधौं विचित्रताई मो चित चितेरे की ॥१३॥

विरही के हृदय में दाह और नेत्रों से अश्रुप्रवाह निरन्तर बना रहता है। इतने पर भी विचित्र बात यह है कि प्रिया की छवि एक-एक मुद्रा के साथ उसके सामने खिंची रहती है। आँसुओं की धारा से वह चटक छवि न तो धुलती है न किंचित मलीन होती है।

विरही कहता है कि हे प्रिय ! तुम्हारे एक-एक अंग की शोभा (आभा, दीप्ति) को देखकर उसके प्रभाव से मैं द्रवित और स्रवित होता रहा हूँ। इस प्रकार तुम्हारी आभा के माध्यम से ही मैंने रंगों की प्रभूत (घनेरे) सामग्री (सौंज) को बनाकर एकत्र कर लिया है। चित्र बनाने के लिए रंगों और जल आदि उपकरणों की आवश्यकता होती है। यहाँ सामग्री सम्पूर्ण है किन्तु कहीं बाहर से नहीं लाई गई है। चित्रकार (प्रेमी) का हृदय चित्र के बिम्ब (प्रिय) के एक-एक अंग की आभा से इतना अधिक प्रभावित है कि उसका चित्त द्रवित होता रहा है। इसके साथ ही प्रस्वेद आदि के माध्यम से वह स्रवित भी हुआ है। सम्पूर्ण सामग्री चित्रकार के हृदय से ही एकत्र हुई है और उसकी प्रेरणा देने वाला प्रिया का वही रूप है जिसका चित्र खींचा जाना है।

ऐसे विचित्र उपकरणों की सहायता से जो चित्र खींचा गया है उसका

आधार कोई स्थिर बिम्ब नहीं है। चित्र खींचा गया है प्रिय की एक-एक मुद्रा का, एक-एक भंगिमा का और साथ ही उसके सम्पूर्ण प्रभाव का। विरही (चित्रकार) कहता है कि हे प्रिय! तुम्हारी रसमयी मूर्ति की प्रत्येक मुद्रा, हँसने, देखने, बोलने, आकर्षक कटाक्ष करने आदि को मैंने अपने रोम-रोम से देखा है। इस प्रकार देखकर मैंने अपने निरन्तर प्रवाहित रहने वाले नेत्रों के फलक पर तुम्हारी इस गतिशील छवि का अंकन किया है। चित्र के अन्य उपकरणों और बिम्ब के समान ही फलक भी विलक्षण है। चित्र भित्ति या कागज या ऐसे ही किसी ठोस आधार पर बनता है। यहाँ चित्र उन नेत्रों के (विरही के) फलक पर खींचा गया है जो निरन्तर अश्रुप्रवाह से भरे रहते हैं। इसीलिए उनको प्रवाहरूपी नेत्र कहा गया है। प्रवाह पर कोई ठोस चीज भी नहीं टिकती, यहाँ तो रंगों वाला चित्र रुका हुआ है। रंगों को प्रवाह में घुल जाना चाहिए और धीरे-धीरे चित्र को धुंधला हो जाना चाहिए। यह चित्र और भी चटकीला होता जा रहा है।

इस उलटे और अनोखे (अनेरे) चित्र की गति मेरी समझ में नहीं आती।

अन्त में विरही चितेरा कहता है कि हे प्यारी सुजान (तुम सब कुछ जानती हो, सम्भवतः यह भी बता सको कि) यह विचित्र चरित्र तुम्हारे सघनआनन्द प्रदाता रूप का है अथवा मेरे चित्तरूपी चितेरे की ही यह विचित्रता है (जिसके कारण यह विचित्र चित्र बना है)।

इस चित्रकल्पना की तुलना तुलसीकृत विनयपत्रिका के एक पद से की जा सकती है :

> शून्य भीति पर चित्र रंग नाहिं तनु बिन लिखा चितेरे।
> धोवैं मिटे न मरे भीति दुख पाइय एहि तनु हेरे॥

दोनों में अन्तर ज्ञानानुभूति और रागानुभूति का है। घनआनन्द का प्रस्तुत चित्र विलक्षण इस बात में है कि इसका सारा वैचित्र्य आवेगपूर्ण विरही हृदय की सघन अनुभूति के कारण है।

संयोग के समय प्रेमी ने प्रिय की छवि को अपने हृदय में अंकित किया है। प्रिय के अंग-अंग की आभा को हृदय में उतारते हुए आश्रय के सात्विक अनुभावों को चित्र खींचने के उपकरण के रूप में लिया गया है। संयोग में ही ये उपकरण तैयार थे जिनकी सहायता से वियोग की अवस्था में यह अद्‌भुत चित्र अंकित किया जा सका है। संयोग में प्रिय के सौन्दर्य की दीप्ति का असाधारण प्रभाव प्रेमी के चित्त पर न पड़ा होता तो विरहानुभूति में भी इतनी तीव्रता न आ पाती। अन्त में इस बात को संकेतित कर दिया गया है कि इस चित्ररचना का श्रेय तुम्हारे रूप के 'चरित्र' को ही है। 'रूप का चरित्र' का प्रयोग अत्यन्त व्यंजक है। प्रिय की तरह उसके 'रूप' को भी अलग चरित्र है।

विरही के नेत्र सतत प्रवाहित हैं किन्तु उस (अश्रु के) प्रवाह के ऊपर ही

उसने (आश्रय ने) प्रिय की रंगभरी छवि अंकित कर ली है। प्रवाह पर चित्र नहीं टिकता। यहाँ अश्रुप्रवाह भी है और प्रिय की छवि भी नेत्रों में निरन्तर बनी रहती है। आश्रय कहते हैं यह उस रूप का वैचित्र्य है अथवा मेरे चित्तरूपी चितेरे का। रंगों की सामग्री चित्रकार स्वयं द्रवित स्रवित होकर एकत्र करता है। चित्र भी स्थिर, जड़ नहीं है। एक-एक मुद्रा हँसने, बोलने, चितवन, मुस्कान, सबका एक सजीव, चित्र है। उसने रोम-रोम से उस छवि को देखा है, तब विरह में ऐसा विलक्षण चित्र अंकित हो सका है। ऐंद्रिय साहचर्य का साक्ष्य प्रस्तुत छन्द में उल्लेखनीय है। कलात्मक निखार की दृष्टि से भी छन्द अप्रतिम है।

रूप लुभाय लगी तब तौ अब लागति नाहिं सुभाय निमेखैं।
जो रस-रंग अभंग लह्यौ सु रह्यौ नहीं पेखियै लाखनि लेखैं।
ह्यौ घनआनंद एहो सुजान तऊ ये दहै दुखदाई परेखैं।
आँखिन आपनी आँखि न देख्यौ कियौ अपनो सपनेऊ न देखैं।।१४।।

विरहिणी निठुर प्रिय के प्रति कहती है कि मेरी इन आँखों ने (नासमझी में) जो कुछ किया, अब उसी का फल भोग रही हैं। अब इनके हाथ में पछतावा ही बचा है। अपने किए को ये मिटा नहीं सकतीं। पछतावा तो दुखदायी होता ही है। मुझे दुख तो इस बात का है कि आप (जिनके कारण यह दुख है) सुजान हैं और आनन्द के घन हैं (वर्षा कर सकते हैं, जलन बुझा सकते हैं) तब भी ये जल रही हैं।

विरहिणी कहती है कि ये आँखें तब (जब आपको इन्होंने पहली बार देखा) आपके रूप के प्रति लुब्ध होकर (आप से जा) लगीं (जुड़ गईं।) अब (इनकी हालत यह हो गई है कि) स्वाभाविक रूप से लगने वाली पलकें भी नहीं लगतीं अथवा निमिष (पल) भर को भी ये स्वाभाविक रूप में नहीं लगतीं। (नींद नहीं आती) (विरोधाभास। तब—लुब्ध होकर लगीं, अब स्वाभाविक रूप में भी नहीं लगतीं) अखंड (अबाध, अभंग) रूप से जो रस और रंग (आनन्द) इन आँखों ने पहले (संयोग के समय) पाया अब लाखों उपाय (लेखे) करने पर भी उस रस रग को (ये) नहीं देख पातीं। (वह सुख सदा के लिए छिन गया।)

अब तो मुझे दुख इस बात का है कि हे प्रिय ! तुम सुजान और आनन्द के घन हो (सब कुछ जानने वाले और आनन्द की वर्षा करने वाले हो) फिर भी ये (मेरे नेत्र) दुख में जल रहे हैं। (ध्वनि यह है कि तुम इनकी पीड़ा को जानते भी हो और चाहते तो दूर भी कर सकते हो, किन्तु निठुर बने हुए हो) (सच

भी है) पश्चात्ताप सदा दुखदायी होता ही है। अपने गलत कार्यों का कुपरिणाम सामने आने पर आदमी पछताव। करता ही है।

पछतावा इस बात का भी है कि आदमी अपने पिछले कार्यों को मिटा नहीं सकता, उनका फल उसे भोगना ही पड़ता है। जिस प्रकार अपनी आँखों से अपनी आँखें नहीं देखी जा सकतीं, उसी प्रकार अपने किए हुए को स्वप्न में भी फिर नहीं देखा जा सकता (कि उसका परिष्कार किया जा सके ;)

किए हुए को अनकिया नहीं किया जा सकता। यहाँ तक कि उसे स्वप्न में भी देखा नहीं जा सकता, इसी असंभावना की ओर संकेत करने के लिए उपमान वाक्य है : जिस प्रकार आँखों से अपनी ही आँखों को नहीं देखा जा सकता।'

इस असंभावना को बिहारी ने इस प्रकार प्रस्तुत किया है :

जगत जनायो जिहि सकल सो हरि जान्यो नाहिं।
ज्यौं आँखिन सब देखिए, आँखि न देखी जाहिं॥

ध्वनि यह है कि अगर अपने किए को फिर से देखा जा सकता तो उसको मिटाना भी सम्भव होता। इस प्रकार एक भूल के लिए जीवन भर रोना नहीं पड़ता। यहाँ तो रोना ही इस बात का है कि अपना किया हुआ सपने में भी नहीं देखा जा सकता, वैसे ही जैसे अपनी आँखों से अपनी आँखें नहीं देखी जा सकतीं।

'आँखों के लगने में यमकयुक्त विरोधाभास विलक्षण है। लोकोक्ति का अत्यन्त परिष्कृत और काव्यात्मक प्रयोग हुआ है।

विरहिणी अपनी आँखों की दुख दशा के लिए उनकी ही भर्त्सना करती है कि वस्तुतः इन्हीं के कारण यह सारी गड़बड़ हुई। तब रूप के लोभ में ये प्रिय से जा मिलीं। अब पल भर को भी ये नहीं लगतीं। हे सघनआनन्दरूप प्रिय तुम तो चतुर हो। फिर भी तुम्हारे नाते मेरी ये आँखें कितना कष्ट झेल रही हैं। अपना पिछला कार्य सपने में भी देखने को नहीं मिलता। जैसे अपनी ही आँखों से अपनी आँखें नहीं देखी जा सकतीं। ध्वनि यह कि यदि पिछले कर्मों के सुधारने का अवसर मिलता तो इतना दुख नहीं होता।

'घनआनन्द कवित्त' की टिप्पणी में अन्तिम पंक्ति का अर्थ है, 'अपनी आँखों से अपनी आँखों को देख लिया, पर वे अपनी करनी स्वप्न में भी नहीं देखते।'[1] प्रस्तुत छन्द में वस्तुतः भर्त्सना अपनी आँखों की ही की जा रही है, न कि प्रिय की।

---

१. विश्वनाथप्रसाद मिश्र, घनानन्द कवित्त, संस्क० ६, पा० टि०, पृ० २४७

सोवत भाग जगे सजनी दिन कोटिक या रजनी पर बारे।
नेह-निधान सुजान सजीवन औचक ही उर बीच पधारे।
सौतिन तें पिय पाय इकौसें भरे भुज सोच सकोच निवारे।
बैरिनि दीठि जरौ घनआनंद यौ जिय लै पल पाट उघारे ।।१५।।

विरहिणी द्वारा देखा गया प्रिय मिलन का स्वप्न चित्र है। विद्यापति, सूर आदि अनेक महाकवियों ने विरहिणी की आँखों के लगने पर इस प्रकार के स्वप्नों का मार्मिक चित्र खींचा है, जिसमें पल भर को (स्वप्न में) प्रिय मिलन का सुख पाने वाली विरहिणी आँख खुल जाने पर कातर हो उठती है। आनन्दघन द्वारा प्रस्तुत चित्र की विशेषता यह है कि इसमें कहीं 'स्वप्न देखने' की बात को सीधे नहीं कहा गया है। चुस्त और व्यंजनापूर्ण मुहावरेदार शैली में स्वप्न चित्र और उसके बाद की विह्वलता का मूर्त वर्णन है।

विरहिणी सखी से कह रही है कि मेरे सोते हुए भाग्य जग गए। (सोवत में सुन्दर श्लेष है, दूसरा अर्थ है– मेरे सोते ही मेरा भाग्य (जो सो रहा था) जग गया।) इस रात पर तो करोड़ों दिनों को न्योछावर किया जा सकता है। (जिस रात को पल भर के लिए मैं सो सकी और ऐसा सुखद संयोग घटित हो सका कि अचानक ही मेरे प्रिय संजीवनीस्वरूप और स्नेह के आगार, सुजान मेरे हृदय में (अथवा 'उर बीच' का दूसरा अर्थ आलिंगनार्थ, वक्षस्थल पर) आ गए। (पहले जब कभी वे मिलते थे तो सौतों से घिरे रहने के कारण मैं मन-चाहा नहीं कर पाती थी) अब सौतों से अलग अकेले में प्रिय को पाकर (इकौसे) मैंने सारे सोच संकोच छोड़ दिए (निवारे) और उन्हें अपनी भुजाओं में भर लिया (उर बीच का दूसरा अर्थ ही इस आलिंगन के सन्दर्भ मे अभीष्ट है)। (अभी मैंने प्रिय का आलिंगन किया ही था कि) मेरी दृष्टि ही शत्रु हो गई। इसने पलकरूपी किवाड़ उघाड़ दिए, (और इस प्रकार) मेरे प्राण ही (इसने) ले लिए। अब यह दृष्टि जल जाए। (जरौ--स्त्रियों में प्रचलित गाली)

पलकें खुल गईं अर्थात् नींद खुल गई। वह सुख क्षण तिरोहित हो गया। दुख में जैसे मेरे प्राण ही निकल गए।

एक दूसरी ध्वनि, कोई प्रिय को आलिंगन में ले, तब तक कोई दूसरा घर के किवाड़ उघाड़ दे। वही कर्म आँखों ने किया।

विरहिणी द्वारा स्वप्न में देखे गए मिलन का चित्र। वह बैरिन दृष्टि जल जाए जिसने पल भर भी प्रिय का एकांत आलिंगन नहीं भोगने दिया और पलकों के पट उघार दिए। सूरदास के चित्र से तुलनीय :

मनो गोपाल आये मोरे गृह हँसि कर भुजा गही।
कहा करौं बैरिनि भई निंदिया, निमिस न और रही।।

ज्यों चकई प्रतिबिम्ब देखि कै आनंदी पिय जानि।
सूर पवन मिस निठुर विधाता चपल कियौ जल आनि।

आनन्दघन ने प्रस्तुत छन्द में 'उर बीच पधारे' द्वारा नींद में (स्वप्न में) प्रिय के मिलने और नींद खुलने पर यथार्थ परिज्ञान की व्याख्या मार्मिक ढंग से प्रस्तुत की है। हृदयस्थ प्रिय ही मानो स्वप्न में मूर्त हो उठा था, स्वप्नभंग पर फिर अदृश्य हो गया। 'सोवत भाग जगे' में श्लेष और लोकोक्ति का कलात्मक प्रयोग।

दरसन-लालसा ललक-छलकनि पूरि
पलकनि लागै लगि आवनि अरबरी।
सुन्दर सुजान मुखचन्द को उदै बिलोकें,
लोचन-चकोर सेवै आरति-परब री।
अंग-अंग-अन्तर-उमंग रंग भरि भारी,
बाढ़ी चोप चुहल की हिय मैं हरबरी।
बूड़ि-बूड़ि तरैं औधि-थाह घनआनंद यौं
जीव सूक्यौं जाय ज्यौं-ज्यौं भीजत सरबरी ॥१६॥

रात के भीगने के साथ अपनी विरह व्यथा की वृद्धि से विकल होती हुई वियोगिनी कहती है :

प्रवासी प्रिय के दर्शन की लालसा की ललक से छलक कर भरी हुई पलकें (प्रिय के) आने की उत्कंठा (अरबरी) की ओर ही लगी रहती हैं। (ध्वनि यह कि लग नहीं पातीं अर्थात् नींद नहीं आती।) मेरे ये लोचनरूपी चकोर सुन्दर सुजान प्रिय के मुखरूपी चन्द्र को उदित होते ही देख लेने की लालसा से दुख (आरति) के पर्व (समय) का सेवन कर रहे हैं। (दुख का यह समय इसी आशा में काट रहे हैं कि पूर्णिमा (पर्व) की रात में (मिलन) उदित होते ही प्रिय के मुखरूपी चन्द्र का दर्शन कर लेंगे। 'परब सेवै' का दूसरा अर्थ है पूर्णिमा की प्रतीक्षा कर रहे हैं।)

रात होते ही (मेरे) अंग-अंग में अन्तर (हृदय) की उमगें तरंगित होने लगती हैं। हृदय में प्रिय के साथ मनमानी क्रीड़ाएं (चुहल) करने का उत्साह आतुरता (हरबरी) बनकर प्रकट होने लगता है। (रात्रि के आने से प्रिय के आगमन की आशा और उत्कंठा बढ़ती है। किन्तु रात गहरी होती जा रही है, उधर उनके आने का चिह्न प्रकट नहीं होता अतः कहती है कि) ज्यों-ज्यों यह

रात (शर्वरी, 'सरबरी') भींगती जा रही है त्यों-त्यों (आशंका से) मेरा जी (जीव) सूखता जा रहा है। (ऐसा रोज होता है। रात्रि के आगमन पर आशा, उत्कंठा, फिर निराशा) इसी प्रकार मैं अवधि रूपी जलराशि में डूब-डूबकर तिरती रहती हूं। अर्थात् कभी आशा से तैरने लगती हूँ, कभी निराशा से डूबने लगती हूँ। 'जी सूखना' और 'रात भींगना' में लोकोक्ति और विरोधाभास का अनुपम चमत्कार है।

रात के बढ़ने के साथ विरहिणी की बढ़ती हुई व्यथा का मूर्त अंकन। सुन्दर रूपक, विरोधाभास। वियोगिनी के प्राण, जितनी ही रात भींगती जाती है, उतनी ही तीव्रता से सूखते जाते हैं। 'रात का भींगना' और 'प्राणों का सूखना' ये दोनों प्रयोग चित्र को करुणाजनक बना देते हैं। घनआनन्द कवित्त में 'भीजति' का अर्थ 'बीतती है' किया गया है।[1] रात भींगने की तीव्र अनुभूति को अस्वीकार कर देने पर छन्द की प्रौढ़ भावव्यंजना में बहुत अन्तर आ जाता है। पूरा छन्द हल्का पड़ जाता है। रात का भींगना केवल उसका बीतना नहीं है।

दुख धूम की धूंधरि में घनआनंद जौ यह जीव घिर्‌यौ घुटि है।
मनभावन मीत सुजान सों नातो लग्यौ तन को न तऊ टुटि है।
बन जीवन प्रान को ध्यान रह्यो, इक सोच बच्यौ, ब सोऊ लुटि है।
घुरि आस की पास उसास गरे जु परी सु मरे हूँ कहाँ छुटि है ॥१७॥

वियोगिनी कहती है कि विरह दुखरूपी धुएं की धुंध और कड़वाहट में घिरकर मेरा जी (जीव, दम) घुटने लगेगा। तब भी उस मनभावन मित्र (मीत) सुजान से लगा हुआ (मेरा) नाता (प्रणय सम्बन्ध) जरा-सा भी टूटेगा नहीं। दम घुटने से मैं मर जाऊँगी, यह निश्चय है। एक ही ध्यान था (रहो) प्रिय का (बन जीवन, कृष्ण)। अब सोच (चिन्ता) यही है कि वह भी लुट जाएगा। (चेतना की समाप्ति पर प्रिय के ध्यान का जो धन मेरे पास है, वह भी लुट जाएगा।) (मृत्यु हो जाने पर भी मेरी आशा नहीं छूटेगी, इसी बात को रूपक में इस प्रकार कहती है कि) आशारूपी पाश (फंदे, 'पास') में कसा हुआ उसांस का गला मरने पर भी क्या छूट सकेगा अथवा उसांस (अन्तिम बार उखड़ती हुई सांस) के गले में पड़ा हुआ आशारूपी फंदा मर जाने पर भी कहाँ छूट पाएगा अर्थात् नहीं छूटेगा।

फंदे से गला कस जाने के कारण मरते हुए आदमी का चित्र मन में है।

---

१. विश्वनाथप्रसाद मिश्र : घनआनन्द कवित्त, संस्क० ६, पा० टि, पृ० २१३

प्राण निकल जाने के बाद भी फंदा गले में ज्यों का त्यों पड़ा रहता है। यहाँ टूटती हुई साँस के गले में आशारूपी फंदे की बात कही गई है। ध्वनि यह है कि आशा छूटेगी कभी नहीं। यह भी सच है कि मारा भी इसी आशा ने ही है। उस निठुर के लौटने की आशा रहती तो यह हालत न होती। उसी आशा के कारण यह दशा है। प्रिय के प्रति निष्ठा का यह स्वरूप है कि वह मरने पर भी कम नहीं होगी। प्रेम में अपनी ओर से निर्वाह करने का ही महत्व है। इसका पालन विरहिणी प्राण देकर भी करेगी।

आशा का यही अटूट सूत्र न होने के कारण मीन और पतंग जगत प्रसिद्ध प्रेमी होने के बावजूद आनन्दघन की दृष्टि में कायर और कपूत होकर रह जाते हैं।

विरहिणी की अमर आशा। कहती है कि यदि विरह रूपी धुएँ से प्राण घुट जाएँ तो भी प्रिय से नाता नहीं टूटेगा। चिन्ता यही है कि मर जाने पर प्रिय का ध्यान भी समाप्त हो जाएगा किन्तु मरने के बाद भी उसांस के गले में पड़ा हुआ आशारूपी पाश नहीं छूटेगा। फांसी से मरने वाले के गले में मृत्यु के बाद भी रस्सी लगी रह जाती है। ध्वनि यह है कि इसी आशा के कारण प्राण जाएँगे, तब भी मैं आशा नहीं छोड़ूँगी। एकपक्षीय निर्वाह की सीमा।

अवधि सिराएँ ताप तापे ह्वै कलमलाय,
आपु चाय बावरे उमाहिं उफनात हैं।
दरस-दुखारे चैन बंचित बिचारे हारे,
आंखिन के मारे आय तहीं मड़रात हैं।
इते पै अमोही घनआनन्द रुखाई उर,
सोचनि समाय कै थहरि ठहरात हैं।
जानि अनखोहीं बानि लाड़िले सुजान की सु,
करि हूँ पयान प्रान फेरि फिरि जात हैं ॥१८॥

प्रवासी प्रिय द्वारा दी गई अवधि बीत गई है। उसके प्राणों में निराशा व्याप्त हो गई है। इसलिए वे तड़पकर निकल जाना चाहते हैं किन्तु दर्शन की लालसा अब भी बची हुई है। इसलिए निकले हुए प्राण भी लौट-लौट आते हैं।

अपनी स्थिति का वर्णन करती हुई वियोगिनी कह रही है : अवधि के बीत जाने पर न मिटने वाले दुख के ताप से संतप्त और विकल (मेरे प्राण) उमंगित होकर निकल जाने के लिए उफनाते हैं। (उमंगित इसलिए कि शरीर की सीमा

तोड़कर प्रिय से मिल सकेंगे, ऐसी आशा प्राणों को है।) (सिराएँ और ताप तापे में विरोधाभास है) ये मेरे प्राण प्रिय का दर्शन न मिलने के कारण दुखी और सुख सन्तोष (चैन) से वंचित हैं। ये आँखों के मारे हुए हैं (आँखों ने ही प्रिय का रूप पहले प्राणों में उतारा था) अतः (भीतर से उमड़कर) आँखों में ही (तहीं) मंडराते रहते हैं। ध्वनि यह कि प्राण आँखों में अटके हुए हैं। इतने पर मोहरहित आनन्द के घन (वे प्रिय) रुखाई धारण किए हुए हैं। इस बात को सोचकर या इसी चिन्ता में विलीन होकर (सोचनि समाय) काँपकर थरथरा जाते हैं। स्थिर हो जाते हैं। (प्राणों के लिए शरीर को छोड़कर निकल जाना कठिन है फिर भी वे निकल जाते हैं, किन्तु) प्रिय की, उस लाड़ले सुजान की थोड़े में रूठने और सन्तुष्ट होने की आदत (अनखौंही बानि) को स्मरण करके मेरे प्राण प्रस्थान करने के बाद भी लौट आते हैं। (ध्वनि यह है कि प्राणों को इस बात की आशा रहती है कि अगर प्रिय रूठे भी हैं, तो जल्दी मान जाने की आदत के कारण फिर मान जाएँगे।) आशा का यह कभी न टूटने वाला तार ही प्रेमी के प्राणों की रक्षा करता हैं।

आनन्दघन तो साँस टूटने पर भी आशा न छोड़ने की बात करते हैं।

प्रवासी के लौटने की अवधि बीत गई है। विरहिणी के प्राण बार-बार प्रस्थान करते हैं। आँखों में आकर मंडराते रहते हैं कि अब भी प्रिय आ जाए। इतने पर भी न आने वाले निर्मोही की रुखाई का ध्यान करके वे ठहर जाते हैं। प्रिय की अनखौंही बानि (थोड़े में रुष्ट और तुष्ट होने की आदत) का स्मरण करके फिर शरीर में लौट जाते हैं। अत्यन्त करुण चित्र है।

'लाड़िले सुजान' में सुन्दर विरोधाभास है। प्रिय 'सुजान' (सब कुछ जानने वाला) तो है, मगर 'लाड़ला' है अतः उसे मनमानी करने की आदत है।

'तापे' के स्थान पर 'तातें' पाठ भी मिलता है।

अंग-अंग छाई है उदेग उरझनि महा,
साँस लैवो आली गिरि हूतें गरुवो लगै।
जोबन-सरूप गुन सूल से सलत गात,
तूल तिनका लौं ह्वै गुमान हरुवो लगै।
सुन्दर सुजान प्रान प्यारे के निहारे बिन
दीठि तौ अदीठि सी उजार घरुवो लगै।
और जे सवाद घनआनन्द विचारै कौन
विरह-विषाद जुर जीवो करुवो लगै॥ १९॥

जो रूप यौवन और जीवन प्रिय के साथ रहने पर अत्यन्त महत्त्वपूर्ण लगते थे, जिन पर गर्व होता था, वे ही अब प्रिय की अनुपस्थिति में व्यर्थ लगते हैं। जीवन बेस्वाद हो गया है। इसी स्थिति को विरहिणी स्वगत या सखी के प्रति कह रही है।

वह कहती है कि (वियोग व्यथा के कारण) मेरे अंग-अंग में उद्वेग (बेचैनी) की उलझन छाई हुई है। यह उलझन बहुत बड़ी है। सारा शरीर इतना दुख रहा है कि हे सखी ! साँस लेना पहाड़ (पहाड़ उठाने) से भी भारी लगने लगा है (लोकोक्ति के माध्यम से अत्युक्ति)। प्रिय के साथ रहने पर अपने यौवन, स्वरूप (सौन्दर्य) आदि गुणों पर गर्व होता था (कि इनमें इतना आकर्षण है कि ऐसे असाधारण प्रिय मेरे वश में हैं) वही गर्व अब शूल की तरह शरीर को सालता है। (यह प्रतीति हो रही है कि वह सब कुछ सत्य नहीं था। इसीलिए प्रिय विमुख हो गए।) रुई और तिनके की तरह मुझे मेरा गुमान (रूप, प्रेम और यौवन का गर्व) अब हल्का (निस्सार) लगता है। सुन्दर सुजान प्राणप्रिय को देखे बिना मुझे अपनी ही दृष्टि अदृष्टि की तरह (अन्धी दृष्टि) लगती है। मेरा घर भी उजाड़ की तरह लगता है। (प्रिय के अतिरिक्त दृष्टि में कोई आता ही नहीं इसलिए वह अदृष्टि होकर रह गई है।) जीवन के जो अन्य स्वाद हैं, उनके विषय में अब कौन विचार करे, (यहाँ तो यह हालत हो गई है कि) विरह के दुखरूपी ज्वर में अब जीना (जीवित रहना) भी कड़वा लगने लगा है।

यह रूपक जीवन से सीधा जुड़ा हुआ है। ज्वर में जीभ ऐसी हो जाती है कि किसी चीज का प्रकृत स्वाद नहीं मिलता। मुंह कड़वाहट से भरा रहता है। इसी सत्य पर आधारित रूपक में विरहिणी कहती है कि विरह के ज्वर में और चीजें तो बेस्वाद लगती ही हैं, उनके विषय में क्या कहा जाए, यहाँ तक कि जीना भी कड़वा लग रहा है।

अत्यन्त मार्मिक छन्द है। रूपगर्विता और प्रेमगर्विता के गर्व की निस्सारता से लेकर विरह ज्वर में पूरे जीवन का कड़वा लगना विरहिणी की करुणाजनक स्थिति का सूचक है। 'तब हार पहार से लागत हे, अब बीचहि आनि पहार परे' (छन्द ४) की अनुभूति से तुलनीय।

प्रिय के बिना बेस्वाद जीवन की दुर्वहता की बात वियोगिनी कहती है। कुछ प्रयोग अत्यन्त मर्मस्पर्शी हैं। जैसे साँस लेना पहाड़ से भी भारी लगता है। दृष्टि अन्धी हो गई है और घर (सब कुछ होते हुए भी) उजाड़-सा लगता है। ज्वर में कुछ पदार्थ कड़वे लगते हैं। इसके आधार पर वियोगिनी कहती है कि विरह विषादरूपी ज्वर में मुझे पूरा जीवन ही कड़वा लग रहा है। रूपक और लोकोक्ति के साथ करुण भावचित्र।

आयौ महारस-पुंज-भर्‌यौ घनआनन्द रूप-सिंगार के मौरे।
सींचत है हिय देस-सुदेस अपूरब आंखिन ठानत ठौरै।
मोहन बांसुरिया सी बजै मधुरे गरजें धुनि मैं मति बौरै।
आज की मोरन की सजनी चित दै सुनि लै कछु बोलनि औरै ॥२०॥

विरह की लम्बी अवधि के बाद प्रिय लौट रहे हैं। इस सूचना से आज प्रकृति और ही तरह की लग रही है। प्रचण्ड लू से पीड़ित मयूरों की बोली आज बादलों की ध्वनि सुनकर और उनका रूप देखकर कुछ और ही हो गई। (भेदकातिशयोक्ति का उत्कृष्ट रूप।)

प्रियागम की सूचना से प्रसन्नचित प्रेमिका को बादलों का आना और मयूरों द्वारा उनका स्वागत करना विलक्षण रूप से अनुकूल लग रहा है। वह सखी से कहती है कि महारस का पुंज (आनन्द या जलराशि) भरे हुए रूप और श्रृंगार के मुकुट (मौर) के समान नयनाभिराम (ये बादल घनआनन्द रूप) आए हैं। आते ही (प्रेमियों के) हृदय प्रदेश रूपी सुन्दर देश (सुदेश) को सींचते हैं। ये (दर्शकों की) आँखों में (अपने अभिराम रूप के कारण) अपूर्व स्थान (ठौर) बना लेते हैं। (इन्हें देखकर आँखों में अपूर्व प्रसन्नता भर जाती है।) उनकी गर्जना मुग्ध करने वाली (मोहन अथवा कृष्ण की) बाँसुरी के समान बजती है। इतनी मधुरता से वे गरजते हैं कि इनकी ध्वनि को सुनकर मति (बुद्धि) बौरा जाती है। ये मोर जो अन्य प्रकार से (दुखी, उत्तप्त होकर) बोलते थे, आज (उन बादलों को देखकर) और ही तरह की (प्रसन्नता से भरी हुई) बोली बोलते हैं। (भेदकातिशयोक्ति)।

मोरों की बोली में और प्रकार की (असाधारण प्रसन्नता की) ध्वनि सुनना वस्तुतः अपने मन की (आश्रय की) बदली हुई अवस्था के कारण भी है। अपने मन के परिवर्तन को अत्यन्त सहजता के साथ मयूरों की परिवर्तित मनःस्थिति से जोड़ देती है, जिससे उसके हृदय की उमंग का प्रकाशन हो जाता है। प्रकट रूप से अपने विषय में कुछ कहना भी नहीं पड़ता।

मन का और तरह का हो जाना, मुहावरा भी है। भेदकातिशयोक्ति में किसी उपमान की योजना न करके केवल उपमेय को 'और ही भांति' या 'और ही कुछ' कहकर दूसरों से भिन्न या श्रेष्ठ बताया जाता है!

'वे नैना औरै कछू जेहि बस होत सुजान।'—बिहारी

अन्त में एक महत्त्वपूर्ण संकेत और भी है। विरहिणी को मयूरों की बोली का 'और स्वर' पहले ही सुनाई पड़ गया है जिसके लिए वह सखी से कहती है कि तू भी ध्यान देकर (चित दै) सुन ले। मयूरों की बोली आज और तरह की

लग रही है। सादगी में गूढ़ काव्यार्थ इस छन्द की विशेषता है। प्रिय के आगमन की सूचना न मानें तो और भी मार्मिक अर्थ व्यंजना होती है।

लम्बे प्रवास के बाद प्रियागम की सूचना से ही विरहिणी को सब कुछ बदला हुआ लग रहा है। आज बादलों की गर्जना मधुर लग रही है, बासुरी की तरह। मयूरों की ध्वनि और ही तरह की लग रही है। उल्लास की अभिव्यक्ति में यह भेदकातिशयोक्ति अलंकारपूर्ण सहायक हुआ है।

रैन-दिना घुटिबो करै प्रान, झरैं अँखियाँ दुखियाँ झरना सी।
प्रीतम की सुधि अंतर में कसकैं, सखि ज्यौं पंसुरीन मैं गाँसी।
चौचंद-चार चवाइन के चहुँ ओर मचैं, विरचें करि हाँसी।
यौं मरियै भरियै कहि क्यौं सु परौ जिन कोऊ सनेह की फाँसी ॥२१॥

प्रस्तुत छन्द प्रवास विरह के गांभीर्य से युक्त होते हुए भी पूर्वराग के रूप में स्वीकार किए जाने पर अधिक महत्त्वपूर्ण हो उठता है। आश्रय प्रिय के प्रति पूर्णतः आकर्षित है। उसकी अप्राप्ति का दर्द उसके मन प्राणों में बिंधा हुआ है। उधर चर्चा करने वाली स्त्रियाँ उसकी हँसी उड़ा रही है। अपना जीवन दूभर मानकर वह प्रीति की फाँसी में औरों को न पड़ने की सलाह दे रही है। कथन सखी के प्रति अथवा स्वगत भी हो सकता है।

प्रिय की प्राप्ति के लिए तड़पती हुई प्रेमिका कहती है कि रात दिन (इसी दुख में) प्राण घुटते रहते हैं। ये दुखिया आँखें झरने की तरह प्रवाहित होती रहती हैं। प्रियतम की सुधि (जिसने मन में प्राप्ति की तीव्र लालसा उत्पन्न की है और स्वयं प्राप्त नहीं हो रहा है।) अन्तर में (हृदय में) इस प्रकार कसकती है जैसे पसलियों में फँसा हुआ काँटा। (यहाँ ध्यान देने की बात यह है कि काँटा किसी भी अंग में धंसकर कसकता है। यहाँ पसलियों में धंसा हुआ काँटा है जो सीधे हृदय को छेदता रहता है। एक तो यह दुख कि प्रिय नहीं मिल रहा है। दूसरा बड़ा दुख यह कि (मेरी यह दशा देखकर) पर निन्दा में रस लेने वाली स्त्रियों (चवाइन) की चर्चाओं में चारों ओर मेरी बदनामी हो रही है। इस प्रकार की बातें गढ़-गढ़ कर वे सब मेरी हँसी करती हैं। मुझे यह नहीं समझ में आता कि इस प्रकार मर-मर कर जीवन को कैसे बिताया जाय (भरियै)। (अब तो यही लगता है कि) स्नेह के बन्धन में (जो फाँसी के फन्दे की तरह प्राण लेने वाला है) किसी को नहीं फँसना चाहिए।

चर्चा और बदनामी से दुखी होने की बात से पूर्वराग की स्थिति सूचित

होती है। 'पंसुरीन मैं गांसी' वाली उपमा प्रिय की कसकती हुई सुधि के लिए बड़ी मार्मिक है।

मीरा की व्यथा अन्तिम पंक्ति से तुलनीय है :

"जो मैं ऐसा जानती, प्रीति किए दुख होय।
नगर ढिंढ़ोरा पीटती प्रीति न करियो कोय।"

प्रेम के कारण विरह में घुटती हुई विरहिणी अपने दारुण दुख का वर्णन करती हुई कहती है कि इस स्नेह की फांसी में कोई न पड़े। एक मर्मस्पर्शी उपमान विधान। प्रिय की स्मृति ऐसे कसकती है जैसे पसलियों में गड़ा कांटा। ऊपर से चुगली-चर्चा का जहर।

चाह-बढ़्यो चित चाक-चढ़्यो सौ फिरै तित ही इतनेकु न धीजै।
नैन थकै छवि-पान छकै घनआनन्द लाज त्यौं रीझनि भीजै।
मोह मैं आवरी ह्वै बुधि बावरी सीख सुनै न दसा-दुख छीजै।
देह दहै न रहै सुधि गेह की भूलि हू नेह को नाँव न लीजै ॥२२॥

प्रेम की विकलता का अनुभव करती हुई विरहिणी कहती है कि हृदय में चाह (प्रणय की आकांक्षा) के बढ़ने का परिणाम यह हुआ है कि चित्त चाक पर चढ़ा रहता है। एक पल भी स्थिर नहीं रहता। चित्त वहीं घूमता रहता है (जहाँ प्रिय हैं)। यहाँ (मेरे पास) थोड़ी देर के लिए भी नहीं आता। (धीजै—धैर्य नहीं धारण कर पाता अर्थात् ठहर नहीं पाता।)

मेरे नेत्र (प्रिय की) छवि का पान करके (खूब) छके (तृप्त) रहते हैं। इसीलिए शिथिल (थके) हैं। मेरी लज्जा (भी स्वाभाविक नहीं रह गई) रीझि (प्रीति) में भीगी रहती है अर्थात बेकार रहती है, सक्रिय नहीं रहती।

मेरी बुद्धि की हालत यह है कि वह मोह में विकल होकर बावली (पगली) हो गई है। अब वह न तो कोई सीख मानती है, न दुख की दशा में ही कोई कमी आती है।

इसी (प्रेम के कारण) से रात दिन मेरी देह जलती रहती है (वियोग ज्वाला से) और घर द्वार की सुधि नहीं रह गई है। (इसीलिए वह दूसरों से कहती है कि) भूलकर भी इस 'स्नेह' का नाम नहीं लेना चाहिए क्योंकि इसके चक्कर में पड़ जाने पर मन-प्राण जलते रहते हैं और घर-बार की सुधि नहीं रह जाती।

इसमें चित्त, नेत्र, लाज, बुद्धि और सुधि (घर द्वार की) सबको प्रेम के कारण अव्यवस्थित दिखाया गया है। इनमें से कोई अपने स्वाभाविक रूप में नहीं है।

इसीलिए प्रेम का नाम भी लेना वह (प्रेमिका) ठीक नहीं समझती। किन्तु विलक्षणता यह है कि स्वयं उस नेह को छोड़कर इन दुखों से मुक्त नहीं हो जाती। उस जलन में ही उसे सुख मिलता है।

मुहावरों का कलात्मक प्रयोग इस छन्द में भी दर्शनीय है। भाव की दृष्टि से इसमें प्रवासविरह के स्थान पर पूर्वराग की स्थिति ही अधिक स्वाभाविक है।

इस प्रकार के छन्दों में व्याजस्तुति की दृष्टि से विचार करें तो अनवरत मन प्राणों को जलाने वाली प्रीति की सम्पूर्ण प्रतिकूलताओं को झेलते रहकर भी उस पथ पर अडिग भाव से बढ़ते रहने वाले अपने मन के प्रति प्रशंसा का ही भाव दिखाई पड़ता है। यहीं आनन्दघन सामान्य प्रेम-कवियों से अलग हैं।

इस छन्द में भी प्रेम से मिलने वाली पीड़ा का उल्लेख करते हुए स्नेह का नाम लेना वर्जित किया गया है। मुहावरों की सादगी और भावव्यंजना की दृष्टि से अत्यन्त महत्त्वपूर्ण छन्द है। प्रेम प्रमत्त चित्त और शरीर की एक-एक मुद्रा का अंकन बड़ी कुशलता से हुआ है।

कहियै किहि भाँति दसा सजनी अति ताती कथा रसनाहि दहै।
अरु जौ हिय ही मधि घूँटि रहौं तौ दुखी जिय क्यौं करि ताहि सहै।
घनआनन्द जान न कान करैं इनके हित की कित कोउ कहै।
उत ऊतर-पाँय लगी मिंहदी सु कहाँ लगि धीरज हाथ रहै॥२३॥

विरह की असह्य जलन और अद्भुत लाक्षणिक वक्रता के मेल का यह छन्द विरहिणी द्वारा सखी के प्रति कही गई बात से सन्दर्भित है। दशा ऐसी है कि उसे कहना संभव नहीं और बिना कहे रहना भी संभव नहीं। कहने पर जीभ जलेगी, न कहने पर हृदय जल रहा है।

विरहिणी सखी से कहती है कि हे सखी! अपनी व्यथा की कथा को मैं किस प्रकार कहूँ? जो दशा मेरी है, वह तो वर्णन में आ ही नहीं सकती (बखाने ते जाय परे दिन राति को अन्तर) उसकी कथा (जो दशा की अपेक्षा हल्की है) भी इतनी तप्त है कि अगर कहना चाहूँ तो मेरी जीभ (रसना) ही जल जाएगी। (इसलिए कहने का साहस नहीं कर पाती।) बिना कहे अगर उस व्यथा को हृदय में ही पी जाऊँ, पचा जाने की कोशिश करूँ, तो हृदय पहले से ही दुखी है, उस व्यथा के ताप को वह क्योंकर सहन कर सकेगा (अर्थात बिना कहे रहना भी संभव नहीं है)। आनन्द के घन सुजान प्रिय की हालत यह है कि वे यहाँ के (मेरे) हित की बात (कोई कितनी बार और कितने प्रकार से भी कहे) पर

कान ही नहीं देते (सुनते ही नहीं)। वहाँ की (प्रिय के पास) हालत यह है कि प्रिय के पास से आने वाले उत्तर के पाँवों में मेंहदी लगी हुई है। पाँवों में मेंहदी लगना मुहावरा है। किसी के न आने की बात को व्यंग्यपूर्वक इस प्रकार कहते हैं कि वे कैसे आएँ, उनके पाँवों में मेंहदी लगी हुई है। यहाँ उत्तर नहीं आता। अब कहाँ तक धीरज हाथ में रहे (अर्थात धीरज छूट रहा है)।

लाक्षणिकता का आधार लोकोक्ति है। दोनों का अद्भुत काव्यात्मक निखार के साथ प्रयोग किया गया है। इस चमत्कार के साथ भावगांभीर्य में शिथिलता के स्थान पर और तीव्रता आई है। 'उत्तर' का मानवीकरण किया गया है।

विरहिणी अपनी व्यथा-कथा को हृदय में रखे तो उसका ताप हृदय को जलाता है। किसी से कहना चाहे तो उसमें इतना ताप है कि जीभ जल जाती है। फिर कोई इतनी तप्त कथा को सुनेगा क्यों? उधर प्रवासी की ओर से आने वाले उत्तर के पाँवों में मेंहदी लगी हुई है (अर्थात उत्तर नहीं आ रहा है), वह किस तरह धीरज धरे? किसी के न आने पर कहा जाता है क्या पांव में मेंहदी लगी है? लोकोक्ति को लाक्षणिक वक्रता का आधार बनाया गया। 'ऊतर पांय लगी मेंहदी' में खीझ, निराशा, अमर्ष, असहायता, विपन्नता, तीव्र वेदना की अनुभूति एक साथ व्यंजित होती है।

बात अनोखी कहा कहियै सुनि बैठे सरै न करै कछु कीबो।
देखत देखत सूझि परै नहिं बूझत बूझत बौरई लीबो।
एहो सुजान दुहेली दसा दुख हाथ लगें हू न छीजत दीबो।
है घनआनंद सोच महा मरिबो अनमीच बिना जिय जीबो॥ २४॥

बिरहिणी अपनी अनोखी दशा का वर्णन करती है। वह कहती है कि मेरी बात अनोखी है। इसको कैसे कहा जाए और कहा भी जाए तो बैठकर सुनने के अतिरिक्त सुनने वालों के लिए कुछ करना संभव नहीं है। (कुछ करना व्यर्थ भी है।) सुनो, (सुनि) न तो बैठे रहने से काम बनता है (सरै), न कुछ करने से ही कोई काम बनता है। (काम बनने का तात्पर्य है प्रिय का आगमन और उसका कोई उपाय नहीं है अतः बैठना, न बैठना, कुछ करना, न करना—सब बराबर है।)

देखते-देखते (प्रिय का मार्ग देखते-देखते अथवा सूनी आँखों अपनी दशा देखते-देखते) अब कुछ भी दिखाई नहीं पड़ता। (आँखें पथरा गई हैं। दृष्टि मन्द पड़ गई है।) पूछते-पूछते (प्रिय के विषय में कुछ भी सूचना) अब मैंने पागलपन (बौरई) ही ले लिया है। अब न कुछ दिखाई देता है, न कुछ समझ में आता है। हे सुजान प्रिय! मेरी दुख दशा (एकाकीपन, दुहेली) दुख ही दुख हाथ

लगने पर भी कम नहीं होती (न छीजत)। वह बढ़ती ही जाती है। (ध्वनि यह कि एक दुख हाथ में है तो दूसरा दुख नहीं आना चाहिए, मगर दुख पर दुख आते जा रहे हैं।) हे आनन्द के घन, प्रिय ! सोच तो इसी बात का है कि मैं बेमौत (अनमीच) मर रही हूँ और बिना जीवन के जी रही हूँ।

बेमौत मरना मुहावरे का इतना ललित प्रयोग अन्यत्र दुर्लभ है। बिना जीवन के जीने का आशय यह है कि मेरा जीवनसर्वस्व प्रिय है। वह पास नहीं है तो जीवन का आधार भी नहीं है। फिर भी मैं शरीर धारण कर रही हूँ। बिना मृत्यु के कारण के (वियोग दुख से) मर रही हूँ। मुहावरे को दोहरे अर्थ गौरव से मंडित कर दिया गया है।

समझने की कोशिश में सिर खपाकर पागल (नासमझ) हो जाना अत्यन्त मार्मिक स्थिति है। (बूझत बूझत बौरई लीबो) देखते-देखते आँखों का पथरा जाना, दृष्टिविहीन हो जाना—विरहिणी के करुण चित्र को मूर्त करने में पूर्ण समर्थ है।

मुहावरों को नई शक्ति से अनुप्राणित करने वाली भाषा के तेवर को इस छन्द में स्पष्ट देखा जा सकता है।

बेमौत मरने और बिना प्राणों (जीवन) के जीने के मुहावरों पर आधारित इस छन्द में प्रेमी की दुर्दशा का वर्णन किया गया है। यह बात कितनी विलक्षण है कि दुख पर दुख आते जा रहे हैं फिर भी वे कम नहीं होते। कोई उपाय करते नहीं बनता और बेमौत मर कर भी बिना जीवन (प्रिय) के जीना पड़ रहा है।

जान सजीवन-प्रान लखें बिन आतुर आँखिन आवत आधे।
लोग चबाई सबै निरदै अति बान से बैन अयान सौं साधे।
को समझै मन की घनआनन्द औरई वेदन बौरई नाधे।
पीर-भर्‌यौ जिय धीर धरै नहीं कैसें रहै जल जाल के बाँधे ।।२५।।

वियोगिनी अपने प्राणों की विकलता की कथा कहती हुई बताती है कि ऐसे में धैर्य धारण करने का काम वैसे ही असंभव है जैसे जाल से जल को बाँधने का कार्य करना।

वह स्वगत या सखी के प्रति कहती है कि (मेरे) प्राणों के लिए संजीवनी स्वरूप सुजान (प्रिय) को बिना देखे (प्राणों की दशा यह है कि) वे आधे होकर आँखों में आकर अटक जाते हैं। (केवल आँखों में दर्शन लालसा के रूप में चेतना बची रहती है।) ऊपर से अन्य लोगों की हालत यह है कि वे सब

दूसरे की निन्दा करने वाले (चवाई) हैं। वे अत्यन्त निर्दय हैं। दया न होने के कारण नहीं जानते कि उनकी चर्चा मेरे लिए कितनी घातक है। वे लोग अपने वचनरूपी वाणों का संधान अज्ञानी धनुर्धर की तरह (अयान लौं) करते हैं। (ध्वनि यह कि चतुर धनुर्धर एक वाण में शिकार के प्राण ले लेता है। मूर्ख शिकारी वाणों को गलत निशाने पर मारते हैं। उनसे केवल पीड़ा होती है। प्राण नहीं निकलते।) हे सघन आनन्द बरसाने वाले प्रिय (घन)! (तुम्हारे बिना) मेरे मन की (अकथ कथा) कौन समझ सकता है? यह जो मेरा बावलापन (बौरई) है, इसने और ही प्रकार की वेदना से मुझे संयुक्त कर दिया है (नाधे)। 'औरई' वेदना से तात्पर्य उस वेदना से है जो पहले से अननुभूत है, अतः उसकी व्याख्या या अभिव्यक्ति संभव नहीं है। वह विलक्षण है। पीड़ा से (पीर) भरा हुआ यह मेरा हृदय (किसी भी उपाय से) धैर्य नहीं धारण कर पाता है। भला जाल के बांधने से (जाल के बन्धन में) कहीं जल बँधा रह सकता है? बचन वाणों से जर्जर हृदय में धैर्य कैसे रुके?

जाल (या छलनी) में जल का न रुकना, मुहावरा है। भला जाल में जल बँधेगा?

एक दूसरी ध्वनि भी है। जाल में असंख्य छिद्र होते हैं। हृदय में भी वियोग के वाणों ने (और अनाड़ियों के वचनरूपी वाणों ने भी) असंख्य छिद्र कर दिए हैं। अब भला छिद्रों के जाल (हृदय) में धैर्य कैसे टिक सकता है?

'औरई वेदना' की विलक्षणता का मर्म भेदकातिशयोक्ति से खुलता है।

प्राणों के संजीवन रूप प्रिय को देखे बिना आधे हो जाना और आंखों में आकर अटक जाना, दर्शनलालसा के साथ ही प्राणों की क्षीणता का सूचक है।

पूरा छन्द ही गम्भीर भाव और उत्कृष्ट कलात्मकता से अनुप्राणित है।

वियोग की दारुण वेदना के समय धैर्य धारण करने में असमर्थ विरहिणी कहती है कि प्रिय को देखे बिना प्राण आधे होकर आंखों में अटक जाते हैं। मेरी बावली मति और ही प्रकार की वेदना का अनुभव करती है। दूसरों की निन्दा करने वाले लोग गलत निशाने पर बार-बार अपने वचन वाण मारते हैं। पीड़ा से भरा हुआ मेरा हृदय धैर्य नहीं धारण कर पाता। भला जाल के बांधने से पानी बँधता है? पीड़ा से विद्ध हृदय की तुलना असंख्य छिद्रों वाले जाल से करके कथन की मार्मिकता बढ़ा दी गई है।

मीत सुजान अनीति करौ जिन, हा हा न हूजियै मोहि अमोही।
दीठि कौं और कहूँ नहिं ठौर, फिरी दृग रावरे रूप की दोही।
एक बिलास की टेक · गहें लगि आस रहे बसि प्रान बटोही।
हौ घनआनन्द जीवनमूल दई ! कित प्यासनि मारत मोही ॥२६॥

विरहिणी प्रवासी प्रिय के प्रति निवेदन करती है कि हे प्रिय ! सुजान (सब कुछ जानने समझने वाले) मीत हो। (कहते हैं कि नादान दोस्त से समझदार दुश्मन अच्छा होता है। तुम मीत भी हो और सुजान भी) तुम अनीति न करो (जो अजान और अमित्र हों वे कुछ भी करें। तुम अनीति करो तो शोभा नहीं देता) मैं हा हा खाती हूँ। (अत्यन्त कातर भाव से प्रार्थना करती हूं) तुमने मुझे मोह लिया है। अब अमोही (मोहरहित) मत बनो। (मोहि और अमोही शब्दों की ध्वनि है कि जिस गुण से मुझे मोहा है, उसी गुण को छोड़ मत दो।) मेरी दृष्टि को और कहीं भी ठौर नहीं है। (मेरो मन अनत कहाँ सचु पावै, जैसे उड़ि जहाज को पंछी पुनि जहाज पै आवे।—सूर) मेरे दृगों में आपके रूप की दुहाई फिर गई है। (जैसे कोई राजा किसी प्रदेश को जीतकर उसमें अपनी दुहाई फिरा दे कि इस सम्पूर्ण क्षेत्र पर मेरा अधिकार हो गया है। दूसरे का प्रवेश निषिद्ध है।) मेरे प्राण मेरे शरीर में पथिक (बटोही) की तरह हैं। (इस बटोही शब्द की मार्मिक ध्वनि यह है कि प्रांण कभी भी निकल सकते हैं) ये प्राण पथिक अब तक चले जाते, लेकिन आपके विश्वास की आशा का सहारा (टेक) पकड़कर ही अब तक बसे (रुके) हुए हैं। (ध्वनि यह है कि अब अगर यह विश्वास आपने प्रतिफलित नहीं किया तो आशा का सूत्र टूट जाएगा और प्राण पथिक चल पड़ेंगे।)

अन्त में विशेषण का साभिप्राय प्रयोग करके (परिकर) कहती है कि हे प्रिय ! तुम आनन्द के घन हो और जीवन मूल हो (जीवन के स्रोत) (जीवन में श्लेष : जीवन और पानी। जो पानी का आदि है वह किसी को प्यास से मारे तो उसकी निर्दयता ही है)। फिर भी मुझे प्यासी मार रहे हो। हाय दैव ! यह तुम्हारी कैसी निर्दयता है।

मीत, सुजान, घनआनन्द, जीवनमूल—जितने विशेषण प्रिय के लिए उपयुक्त हैं, उन सबकी ध्वनि यही है कि वह निर्दयता का कोई काम नहीं कर सकता। यही उसकी प्रकृति नहीं है। निठुराई आरोपित है, जिसको छोड़ना उसके लिए बहुत सहज है। इसीलिए विरहिणी को आशा है कि प्रिय की यह निठुराई अवश्य छूट जाएगी। एक दिन वह आएगा ही।

प्रिय (आलंबन) के रूप की दुहाई (दोही) सारे संसार में फिरी हुई है।

वियोगिनी की दृष्टि को और कोई स्थान नहीं जहाँ वह ठहरे (अन्य कोई रूप आँखों पर नहीं चढ़ता । मेरे प्राण रूपी पथिक एक झलक की आशा में अटके हुए हैं । जीवनमूल होकर मुझे मत मारो । प्रिय चाहे जितना निठुर हो, उसकी सहृदयता का पूरा भरोसा है ।

अन्तर मैं बासी पैं प्रबासी को सो अन्तर है,
मेरी ना सुनत दैया आपनीयौ ना कहै ।
लोचननि तारे ह्वै सुझावौ सब सूझौ नांहि,
बूझो न परति, ऐसें सोचनि कहा दहौ ।
हौ तौ जानराय, जाने जाहु न अजान यातें,
आनन्द के घन छाय छाय उघरे रहौ ।
मूरति मया की हाहा सूरति दिखैये नेकु,
हमैं खोय या विधि हो कौन धौं लहा लहौ ।।२७।।

अपने अन्तःकरण में प्रिय की उपस्थिति का निरन्तर अनुभव करने वाली विरहिणी का यह कथन प्रणय के क्षेत्र में जितना मार्मिक है, दर्शन के क्षेत्र में उतना ही महत्वपूर्ण है । अभंग और सभंग यमक, श्लेष, विरोधाभास अलंकारों के साथ संगीतात्मकता इस छन्द की अतिरिक्त उपलब्धि है ।

(पहली ही पंक्ति में दोनों प्रकार के यमक का प्रयोग हुआ है) विरहिणी कहती है कि हे प्रिय यद्यपि तुम मेरे अन्तर् (हृदय) में ही स्थाई रूप से निवास करते हो तथापि तुममें और मुझमें इतना अन्तर (फासला) है जितना प्रवासी जनों के बीच होता है ।

प्रवासी प्रिय की प्रिया विरहिणी है किन्तु प्रिय को इतने मूर्त रूप में अपने हृदय में अनुभव करती है कि उसी से उलाहना देने लगती है । वह कहती है कि तुम मेरे इतने निकट (हृदय में ही हो) किन्तु मेरी पुकार नहीं सुनते । (मेरी नहीं सुनते, न सही) कुछ अपनी ओर से भी तो नहीं कहते । तुम्हारी निठुराई की हद है ।

तुम्हारी अन्य विलक्षणता यह है कि तुम मेरी आँखों के तारे (दृष्टि, पुतली, नजर) बनकर मुझे सब कुछ दिखा देते हो । (प्रणयानुभूति की तीव्रता से मैं अपरिचित थी । तुम्हीं ने मुझे इससे परिचित कराया है) किन्तु जिन आँखों से यह सब देखती हूँ, उन्हीं आँखों से तुम नहीं दिखाई देते । मैं यह नहीं समझ

पाती कि ऐसी चिन्ताओं से मैं किसलिए और क्यों जली जा रही हूँ अर्थात् तुम मुझे इस प्रकार की चिन्ता में क्यों जला रहे हो ?

आप स्वयं तो जानराय (ज्ञानियों में शिरोमणि) हैं। सब कुछ जान लेते हैं। मगर मैं आपको नहीं जान पाती। अतः मेरे लिए तो आप अजान (जिसे न जाना जा सके) ही हैं।

हे प्रिय ! तुम मेरे हृदय को शीतल करने के लिए, आनन्द के घन (बादल) हो, किन्तु विडम्बना यह है कि छाए रहकर भी उघड़े रहते हो (घिरते हो फिर भी नहीं बरसते)। ध्वनि यह है कि रहते हृदय में हो, व्यवहार परदेसी का करते हो। प्रस्तुत रहकर भी अप्रस्तुत रहते हो।

'छाय छाय उघरे रहो' में विरोध का चमत्कार बहुत सूक्ष्म स्तर पर है।

आप माया (मोह, स्नेह) की मूर्ति हैं। मैं हा हा खाती हूँ (कातर होकर प्रार्थना करती हूँ) कि अपनी मूर्ति क्षण भर के लिए दिखा दीजिए। मुझे इस प्रकार खोकर (अपने से अलग करके) मैं नहीं समझती कि तुम कोई बड़ा लाभ प्राप्त कर रहे हो। तुम्हें पाकर मैं खो गई, अब मुझे खोकर तुम कौन-सा लाभ पा रहे हो ?

प्रेमिका के इस कथन की 'लोचननि तारे ह्वै सुझावौ सब सूझौ नाहिं' का एक विचित्र अर्थ किया जाता है। 'मैंने नेत्रों की पुतलियों द्वारा बहुत ध्यानपूर्वक आपको दिखाने का प्रयास किया, किन्तु फिर भी आप दिखाई नहीं पड़े।' (भाष्येन्दुशेखर, पृ० ३०६)। वस्तुतः इस पंक्ति में 'सुझावौ' क्रिया आश्रय के लिए नहीं, आलम्बन के लिए आई है। वह प्रिय नेत्रों का प्रकाश बनकर संसार के अन्य रूपों से आश्रय को परिचित करा देता है, पर स्वयं नहीं दिखाई पड़ता। बिहारी इसी बात को इस प्रकार कहते हैं :

> जगत जनायो जिहि सकल सो हरि जान्यो नाहिं।
> ज्यों आँखिन सब देखियै आँखि न देखी जाहि ॥

प्रिय की समस्त विशेषताओं का आरोप ब्रह्म (ईश्वर) पर करने पर यह दर्शन-परक छन्द हो जाता है। जीव ईश्वर को सम्बोधित करके कह रहा है कि आप मेरे अन्तर में स्थित हैं फिर भी प्रवासी जैसी अलंघ्य दूरी है। संसार से मुझे परिचित कराकर स्वयं आप मेरी दृष्टि में नहीं आते। मैं इसी चिन्ता में मरा जा रहा हूँ। आप सर्वज्ञ हैं किन्तु मेरे लिए अज्ञेय हैं। आप आनन्द के स्रोत हैं। सम्पूर्ण जगत में व्यक्त और व्याप्त रहकर भी आप अदृश्य रहते हैं। आप कृपा की मूर्ति हैं। मुझ जैसे अकिंचन को खोकर आपको कौन-सा लाभ मिल जाएगा ? अतः मुझे स्वीकार कर लीजिए।

प्रणय के क्षेत्र में अपने जैसा अनन्य प्रेमी किसी को न मानने के एकांत विश्वास और अनन्य समर्पण का संकेत है। एक अन्य छन्द में विरहिणी कहती है :

'नहिं खोदते जो हम पावते जू' यदि सचमुच मेरी सम्पूर्ण विशेषताओं को समझकर (मेरे समर्पण की अनन्यता की परख करके) तुम मुझे अपनाते तो इस तरह खो नहीं देते।

प्रेम और दर्शन दोनों क्षेत्रों में समान रूप से महत्त्वपूर्ण छन्द। अपने अन्त:-करण में सतत विराजमान प्रिय को सम्बोधित करके विरहिणी कहती है कि अन्तस्थ हो फिर भी प्रवासी जैसी दूरी है। सब कुछ दिखा देते हो, स्वयं सामने नहीं आते। न मेरी सुनते हो, न अपनी कहते हो। इस प्रकार तुम्हारे कारण मैं खो गई हूँ। मुझे इस तरह खोकर (अपने से अलग करके) बोलो, तुमने कौन-सा लाभ प्राप्त कर लिया है ?

अभंग और सभंग श्लेष, दोनों प्रकार के यमक और विरोधाभास के साथ संगीतपूर्ण ध्वनिरचना और मार्मिक अभिव्यक्ति की दृष्टि से महत्त्वपूर्ण छन्द।

आनाकानी-आरसी निहारिबो करौगे कौ लौं
कहा मो चकित दसा-त्यों न दीठि डोलिहै।
मौन हूँ सौं देखि हौं कितेक पन पालिहौ जू
कूक-भरी मूकता बुलाय आप बोलिहै।
जान, घनआनन्द यों मोहिं तुम्हैं पैज परी
जानियैगी टेक टरें कौन धौं मलोलिहै।
रूई दियें रहौगे कहाँ लौं बहराइबे की
कबहूँ तो मेरियै पुकार कान खोलिहै॥ २८॥

विरहिणी को प्रवासी प्रिय की निठुराई के कारण यह दारुण दुख भोगना पड़ रहा है। उसे लगता है कि उसका दुख असाधारण है। किन्तु उसे अपनी वेदना के तीव्र प्रभाव के प्रति भी पूर्ण विश्वास है। उसे दृढ़ विश्वास है कि उसकी तीव्र वेदना की पुकार कठोर प्रिय के चित्त को द्रवित अवश्य करेगी। वह आएगा ही, भले ही अभी प्रयत्नपूर्वक वह मेरी पुकार को अनसुनी कर रहा है। मान के कारण कठोर प्रिय के प्रति यह उक्ति हो सकती है। इस सन्दर्भ में इसकी नाटकीयता बढ़ जाती है। प्रवास विरह का सन्दर्भ तो है ही। अन्तर्यामी भगवान के प्रति समर्पित भक्त की उक्ति के रूप में भी इस छन्द को देखा जा सकता है।

विरहिणी कहती है कि मेरी ओर देखने के लिए आप कब तक आनाकानी

(टालमटोल) करते रहेंगे ? (अनसुनी करने के लिए प्रायः कोई बहाना अपनी व्यस्तता का ढूंढ़ निकाला जाता है । यहाँ प्रिय दर्पण देखने में अपने को उलझाए हुए है।) वह कहती है कि इस तरह आपकी नकली व्यस्तता (दर्पण देखते रहने की) कब तक चलेगी ? छायावादी कवि जयशंकर प्रसाद 'आँसू' में प्रिय की बहानेबाजी का चित्र इस प्रकार प्रस्तुत करते हैं :

रो रो कर सिसक सिसक कर, कहता मैं करुण कहानी ।
तुम सुमन नोचते सुनते करते जानी अनजानी ।।

'सुमन नोचते हुए' की मुद्रा बड़ी व्यंजक है किन्तु वहाँ एक स्पर्श निराशा का है, जबकि आनन्दघन के संकेत में आशा का स्पर्श मुखर है । 'दर्पण देखने' में नकली व्यस्तता के साथ प्रिय का रूपगर्व (आत्मरति की सीमा तक) भी संकेतित है किन्तु दर्पण से दृष्टि कभी न कभी तो हटेगी ही। प्रसाद वाले चित्र में आश्रय अपनी 'करुण कहानी' कह रहा है, यहाँ अपनी मौन पुकार और चकित कर देने वाली दुख दशा को ही प्रत्यक्ष कर दिया गया है । विरहिणी बहाना करके व्यस्त रहने वाले प्रिय को सम्बोधित करके कह रही है कि कब तक तुम मेरी चकित कर देने वाली दुख दशा की ओर से आँखें फेरकर दर्पण देखते रहोगे, क्या तुम्हारी नजर (दर्पण से, बहाने से) कभी नहीं हटेगी ? (उसे विश्वास है कि जैसी दशा उसकी हो गई है, वैसी किसी की नहीं होती, साथ ही प्रिय भीतर से उतना कठोर नहीं है, अतः यह बहानेबाजी देर तक नहीं चलेगी ।)

आँखों से अन्यत्र देखते हुए भी सांत्वना के बोल तो प्रिय बोल ही सकता है, मगर वह उतना भी नहीं कर रहा है । इसी बात को रेखांकित करती हुई विरहिणी कहती है कि मेरी ओर न देखने के लिए तुम दर्पण देख रहे हो और मुझसे न बोलने के लिए तुमने मौन का व्रत ले लिया है, मगर मैं भी देखूंगी कि तुम मौन का यह व्रत (पन) कब तक (कितेक) धारण करते हो (पालिहौ)। (वह स्पष्ट कहती है कि कहने को तो शब्दों के माध्यम से मैं भी कुछ नहीं कह रही हूँ, मगर) मेरा हाहाकार करता हुआ मौन अन्त में तुम्हें बोलने को विवश कर ही देगा। (इसका मुझे पूर्ण विश्वास है।) मौन दोनों हैं, मगर दोनों के मौन में बहुत अन्तर है । प्रिय (आलंबन) का मौन कठोरता (वह भी कृत्रिम) से भरा हुआ है, जबकि विरहिणी (आश्रय) का मौन चीत्कार से भरा हुआ मौन है। विरोधाभास की भावानुकूल स्थिति की दृष्टि से यह पंक्ति अद्भुत शक्ति-सम्पन्न है । ध्वनि यह है कि तुम्हारी दृष्टि भी मेरी ओर उठेगी और तुम्हारा मौन भी टूटेगा।

हे सघन आनन्द देने की क्षमता रखने वाले (किन्तु अब कठोर) प्रिय ! तुम सुजान हो (सब कुछ जानते हो, तो इतना और जान लो कि) मेरे और तुम्हारे

बीच जो यह होड़ (पैज, प्रतिज्ञा) लगी हुई है (कि मैं बिना बोले ही अपना दुख सुनाए बिना नहीं मानूंगी और तुम मेरी ओर कभी ध्यान नहीं दोगे) वह टेक ही जानेगी (मेरी टेक या तुम्हारी टेक) जिसके टलने से (मुझे या तुम्हें यही देखना है) किसको मलाल (पश्चात्ताप) होगा।

'भाष्येन्दुशेखर' में 'जानियैगी' का अर्थ 'जानूंगी' किया गया है। आनन्दघन अमूर्त भावों के मानवीकरण में विशेष रूप में सिद्धहस्त हैं। 'टेक' के साथ वही किया गया है। वह टेक ही जानेगी ('अपना किया तुम तब जानोगे, जब फल पाओगे', ऐसा प्रयोग बहुत सामान्य है) क्योंकि उसे टूटना तो है ही। (चाहे उसकी टेक टूटे, चाहे प्रिय की। वैसे विश्वास उसे यही है कि उसकी टेक रह जाएगी। प्रिय की टेक ही टूटेगी और उसी को पश्चात्ताप करना पड़ेगा।)

अन्त में वह कहती है कि तुम कब तक कान में रूई डालकर बहरेपन का नाटक करते रहोगे ? कभी तो मेरी पुकार (जो मौन है) तुम्हारे कान खोलेगी ही ! मुहावरा है 'कान खोलकर सुनना' जिसके अनुसार सुनने वाला अपने कान खोलता है। यहाँ सुनना जिसको है वह तो न सुनने का संकल्प किए हुए है, इसीलिए उसने अपने कान में रूई डाल ली है। अतः वह तो कान खोलने से रहा। इसीलिए खोलना क्रिया का कर्ता विरहिणी अपनी पुकार को ही बना रही है। वह कहती है कि कभी तो मेरी पुकार तुम्हारे (बन्द) कानों को (अपने तीव्र प्रभाव से) खोल ही डालेगी। तब तुम कैसे मेरी ओर से उदासीन रह सकोगे ? एक संकेत यहाँ पुकार की विशेषता से भी प्रकट होता है जो 'कूक भरी मूकता' का है। वह पुकार अगर ध्वनिमय होती तो कान के बहरेपन का उस पर असर होता। वह पुकार तो मौनमयी है, अतः वह कान का माध्यम नहीं चुनेगी, सीधे हृदय तक पहुँच जाएगी। 'कूक भरी' की शक्ति अलग है। आनाकानी-आरसी का प्रयोग विलक्षण है।

छन्द की सम्पूर्ण ध्वनि यह है कि वह कठोर प्रिय अपनी इन्द्रियों को इधर-उधर व्यस्त रखकर विरहिणी की दशा से बचने का चाहे जितना प्रयत्न करे, उसके हृदय को प्रभावित होना ही पड़ेगा। निराशा के चरम क्षणों में भी आशा के सूत्र को न छोड़ना और अपने प्रेम के प्रति अटूट आस्था, आनन्दघन के काव्य को प्रेमकाव्य के इतिहास में अप्रतिम स्थान दिलाने के लिए पर्याप्त है।

मोहन अनूप रूप सुन्दर सुजान जू को
ताहि चाहि मन मोहि दसा महा मोह की।
अनोखी हिलग दैया ! बिछुरै तौ मिल्यौ चाहै
मिलेहू मैं मारै जारै खरक बिछोह की।

कैसे धरौं धीर वीर, अति ही असाधि पीर,
जतन ही रोग याहि नीकें करि टोह की।
देखें अनदेखें तहीं अटक्यौ अनंदघन;
ऐसी गति कहौं कहा चुंबक औ लोह की ॥२९॥

प्रेम की प्रगाढ़ता में पूर्णतः डूबी हुई विरहिणी प्रिय के रूप से इतनी आविष्ट है कि उसे संयोग और वियोग दोनों दशाओं में अशान्ति ही मिलती प्रतीत होती है। सखी के प्रति अथवा स्वगतः वह कहती है :

उस अनुपम सौन्दर्यवाले सुजान प्रिय का रूप इतना मुग्ध करने वाला (मोहन) है कि उसे देखकर (चाहि) मैं महामोह की दशा में पहुँच गई हूँ। (मोह का अर्थ है विवेक अर्थात निर्णयबुद्धि का अभाव। यहाँ मोह की नहीं, महामोह की दशा है अर्थात कुछ भी समझ में नहीं आता।) मेरी यह चाह (हिलग) इतनी अनोखी है कि जब प्रिय से मिलती हूँ तो भी वियोग की आशंका के कारण सुखी नहीं हो पाती और वियोग होने पर मिलने की तीव्र उत्कंठा चैन नहीं लेने देती। (वियोग में दुख तो स्वाभाविक है, किन्तु संयोग भी यहाँ निरापद नहीं है। इस आकांक्षा से कि इस मिलन के बाद फिर वियोग आ जाएगा, संयोग का आनन्द जाता रहता है।) हे सखी ! (बीर) मैं धैर्य धारण करना भी चाहूँ तो कैसे करूँ ? यह पीर इतनी असाध्य है कि इसकी शान्ति के लिए जो भी उपाय करती हूँ वे उपाय (जतन) ही नये सिरे से रोग बन जाते हैं। (परम्परागत शीतोपचारों की दाहकता की काव्यरूढ़ि के संकेत से इस पंक्ति में एक अन्य संकेत आ जाता है।) अतः इस असाध्य पीर (के कारणों) की खोज (टोह) अच्छी तरह करनी पड़ेगी। मैं उस प्रिय को देखूँ (संयोग में) और न देखूँ (वियोग में) दोनों स्थितियों में मेरे लिए कोई फर्क नहीं पड़ता। मैं अपनी इस विचित्र गति की तुलना चुम्बक और लोहे की (आकर्षणवाली) स्थिति से करना चाहूँ तो कैसे करूँ ? लोहा चुम्बक की ओर आकृष्ट होता है लेकिन उसके लिए अनिवार्य शर्त है कि चुम्बक को उसके सामने (एक निश्चित दूरी पर) होना चाहिए। चुम्बक की अनुपस्थिति में लोहा अलग पड़ा रहता है, उस पर कोई प्रभाव नहीं होता। (वह जड़ जो है।) इधर मेरी गति यह है कि प्रिय की उपस्थिति में तो (वियोग की आशंका से दुखी) रहती ही हूँ, उसकी अनुपस्थिति में भी (उसके चुम्बकीय आकर्षण से) उसकी ओर खिंची ही रहती हूँ। ध्वनि यह है कि मेरी बेचैनी को चुम्बक और लोहे के उदाहरण से नहीं समझा जा सकता है।

प्रस्तुत छन्द में दृष्टान्त की अपर्याप्तता का संकेत इतना व्यंजक है कि विरहिणी की विलक्षण व्यथा की पूरी कथा कह देता है। चुम्बक के आकर्षण में

लोहे का तीव्रता से उसकी ओर खिचना सिद्ध सत्य है। आकर्षण का लोकविख्यात विशेषण है 'चुम्बकीय' (चुम्बकीय आकर्षण)। जो महामोह उत्पन्न करने वाला आकर्षणकेन्द्र (सुजान मोहन) है, उसके प्रति खिंचाव चुम्बक से भी तीव्रतर होगा, बल्कि यहाँ वह तीव्रतम है। फिर भी सामने नहीं है, अतः उस दुर्निवार आकर्षण के वेग को स्वयं ही झेलना है। निरन्तर एक तनाव की स्थिति बनी रहती है। एक विचित्रता और भी है: लोहा यहाँ चुम्बक की ओर खिंचकर उससे सट जाता है, बीच का भेद समाप्त कर देता है, वहाँ इस नायिका को संयोग के क्षणों में भी (भावी वियोग की आशंका के कारण) वह दूरी समाप्त होती हुई नहीं जान पड़ती। वियोग की पीड़ा का तो वर्णन हो ही कैसे सकता है?

कित को ढरिगौ वह ढार अहो जिहि मो तन आँखिन ढोरत हे।
अरसानि गही उही बानि कछू सरसानि सों आनि निहोरत हे।
घनआनंद प्यारे सुजान सुनौ तब यौं सब भाँतिन भोरत हे।
मनमाहिं जो तोरन ही, तो कहो बिसवासी सनेह क्यौं जोरत हे॥३०॥

लम्बे प्रवास के कारण विरहिणी को लग रहा है कि प्रिय ने उसके साथ अपने प्रगाढ़ सम्बन्ध को समाप्त कर लिया है। उसे आश्चर्य और दुख होता है कि संयोग में प्रिय की प्रवृत्ति ऐसी नहीं थी कि उससे इस विपरीत आचरण की आशा की जाती! अब यह क्या हो गया है?

विरहिणी कहती है कि हे सघन आनन्द के दाता प्रिय, सुनो तो, यह तुमने मेरे साथ क्या किया? आपको क्या हो गया? आपके उस प्यारे स्वभाव को क्या हो गया? आपके हृदय की वह द्रवणशीलता (ढार) जिसके कारण आप आँखों में अपार ममत्व भर कर मेरी ओर देखते थे (आँखों ही आँखों में मेरी ओर ढल जाते थे) अब किस ओर (मुझे छोड़कर) ढल गई अर्थात आपकी प्रवृत्ति मेरी ओर थी अब वह किधर झुक गई? अपनी जिस (प्रेममयी) आदत (बानि) के कारण आप मेरे पास आकर अत्यन्त सरलतापूर्वक अनुनय करते थे (निहोरत) उस आदत ने यह आलस्य (अरसानि) कैसे ग्रहण कर लिया है? वह कभी न अलसानेवाली आदत कैसे अलसा गई है? प्रिय की आदत का अलसा जाना वह मार्मिक अनुभूति है जिसके कारण विरहिणी प्रवासी प्रिय की निठुराई का रहस्य समझने का प्रयास करती है। संयोग के दिनों में प्रिय अनुकूलता की याद दिलाती हुई वह आगे कहती है कि तब तो हे सुजान प्रिय, (वचन और कर्म) सब प्रकार से मुझे प्रबोध देते रहते थे (भोरत) प्रसन्न करने का यत्न करते थे।

(ध्वनि यह है कि उस समय तो तुम किसी बात पर भी तनिक उदास नहीं होने देते थे और अब इतने बड़े दुख में सांत्वना का एक शब्द भी नहीं कहते ।)

अन्त में वह कहती है कि अगर स्नेह को तोड़ने की बात भी तुम्हारे मन में थी, तो स्नेह का सम्बन्ध जोड़ा ही क्यों था ? तुम्हारे स्नेहशील स्वभाव के कारण मैंने विश्वास किया, अब उस विश्वास की रक्षा क्यों नहीं करते ?

विसबासी (विश्वासघाती) कहकर प्रिय को लांछित करना आनन्दघन की प्रवृत्ति के अनुकूल नहीं है। यहाँ विरहिणी प्रणय सम्बन्ध को तोड़ने और विश्वास-घात करने की बात कहकर प्रकारान्तर से प्रिय को लौट आने के लिए प्रेरित कर रही है क्योंकि अन्तकरण में उसे विश्वास है कि उसका समर्पण इतना अनन्य है कि प्रिय को अवश्य खींच लाएगा । प्रिय के स्नेही स्वभाव पर भी उसका अटूट विश्वास व्यक्त होता है ।

अकुलानि के पानि पर्‌यौ दिनराति सु ज्यौ छिनकौ न कहूँ बहरैं ।
फिरिबोई करैं चित चेटक चाक लौं धीरज को ठिकु क्यौं ठहरैं ।
भए कागद-नाव उपाव सबै घनआनन्द नेह-नदी-गहरैं ।
बिन जान सजीवन कौन हरैं सजनी, बिरहा विष की लहरैं ।।३१।।

विरहिणी अपनी किसी अन्तरंग सखी से अथवा स्वगत कह रही है कि मेरी वियोग-व्यथा इतनी बढ़ गई कि इसको कम करने का कोई उपाय सफल नहीं होता । इसका उपचार केवल प्रिय दर्शन है ।

उद्विग्न विरहिणी कह रही है कि मैं उद्विग्नता (अकुलानि) के हाथों पड़ गई हूँ । एक क्षण के लिए भी मेरा दिल कहीं बहल नहीं पाता । पूरी पंक्ति में श्लेष का चमत्कार भी देखा जा सकता है, 'मैं विरह विकलतारूपी जल (पानि, पानी) में पड़ गई हूँ जो अथाह है । एक पल के लिए भी उस अथाह व्यथा जल से बाहर (बहरैं) नहीं निकल पाती । रात दिन उसी (व्यथा की गहराइयों) में डूबी रहती हूँ ।

मेरा यह चित्त प्रिय का कृतज्ञ (चेटक, कनौड़ा) हो गया है (पहले की उनकी अनुकूलता के कारण) अत: उनके ध्यान में ही चाक (कुम्हार के चाक) की तरह चक्कर काटता रहता है । धैर्य की तनिक स्थिरता भी इस विकल चित्त को प्राप्त नहीं है ।

चेटक का अर्थ जादू भी होता है । अत: इस पद का अर्थ इस प्रकार भी किया जा सकता है कि प्रिय के जादू (चेटक) के जोर से मेरा चित्त चाक की तरह चक्कर काटता रहता है, स्थिर (स्वस्थ) नहीं हो पाता ।

रूपक और लोकोक्ति का अत्यन्त परिष्कृत रूप तीसरी पंक्ति में द्रष्टव्य है। इस असाधारण व्यथा को दूर करने के सारे उपाय वैसे ही व्यर्थ हो गए जैसे गम्भीर नदी को पार करने के लिए कागज की नाव जल के स्पर्श से ही गल जाए। गम्भीर नेह रूपी नदी को पार करने के लिए (विरह व्यथा से छूटने के) सारे प्रयत्न कागज की नाव हो गये। एक मार्मिक संकेत यह भी है कि गम्भीर नेह की नदी के सघन-आनन्द रूप जल (स्नेह) में डूबने की काम्य उपलब्धि अलग है जिसे वह छोड़ना भी नहीं चाहती। (मिलन का मत नाम ले मैं विरह में चिर हूँ—महादेवी वर्मा)

विरह रूपी भुजंग की लहरें (विरहा-विष की ल्हरैं) वियोगिनी को मृत्यु की ओर खींचती जा रही हैं। इन विष की लहरों से बचाकर जीवन का संचार करने वाला सयाना (गारुड़ी) केवल वह सुजान (जान) ही हो सकता है जो (मेरे लिए) साक्षात संजीवनी स्वरूप है। बिना उनके, हे सखी, मुझे संजीवनी कौन प्रदान कर सकता है जिससे इस विरह विष की लहरों से मैं बच सकूँ? सर्पदंश के बाद मनुष्य के शरीर में विष की 'लहरें' उठती हैं, जिनका निवारण गारुड़ी ही करता है। 'संजीवन' में भी श्लेष है, जीवन का संचार करने वाला प्रिय और जीवन देने वाली बूटी। सम्पूर्ण छन्द में सुन्दर सांग रूपक भी द्रष्टव्य है। नेहरूपी गम्भीर नदी के आकुलतारूपी जल में पड़ी हुई विरहिणी का चित्त भँवर (चक्र) में फँस गया है। कागज की नाव (सारी कोशिशें) व्यर्थ हो रही हैं। बिना प्रियरूपी कर्णधार के उस बढ़ी हुई नदी की उत्ताल तरंगों से कौन बचा सकता है?

'अकुलानि के पानि पर्यौ' में अकुलानि (आकुलता, उद्वेग) को स्वतन्त्र व्यक्तित्व प्रदान करके कवि ने 'चित्त विकल है' के स्थान पर 'विरहजन्य विकलता के हाथों मेरा चित्त पड़ गया है' रखकर कथन की मार्मिकता बढ़ा दी है। 'किसी के हाथ पड़ जाना' मुहावरा बड़ा व्यंजक है।

इस प्रकार के भावों का मानवीकरण और लोकोक्तियों तथा मुहावरों का अत्यन्त परिष्कृत प्रयोग आनन्दघन की निजी विशेषता है।

अति सूधो सनेह को मारग है जहाँ नेकु सयानप बाँक नहीं।
तहाँ साँचे चलें तजि आपुनपौ झझकें कपटी जे निसाँक नहीं।
घनआनन्द प्यारे सुजान सुनौ इत एक तें दूसरो आँक नहीं।
तुम कौन धौं पाटी पढ़े हो लला मन लेहु पै देहु छटाँक नहीं ॥३२॥

प्रेममार्ग की दुर्गमता और सरलता बताते हुए, प्रिया प्रिय को उपालम्भ देती है ।

स्नेह का मार्ग इतना सीधा है कि उसमें किसी प्रकार के सयानेपन (सांसारिक व्यवहार बुद्धि) की वक्रता को कोई स्थान नहीं है । उस मार्ग पर वे सच्चे स्नेही ही चल सकते हैं जिन्होंने अपनेपन के बांध को (अहंकार को) पूरी तरह छोड़ दिया है । जो कपटी हैं, अत: नि:शंक नहीं हैं, वे उस सीधे मार्ग पर चलते हुए झिझकते हैं । वे वक्रता के अभ्यस्त हैं, इसलिए इस सहज सरल मार्ग पर चल ही नहीं सकते ।

शब्द और अर्थ के चमत्कार के प्रति पूर्ण सजग कवि प्रेममार्ग और उस पर चलने वालों की विशेषता बताने के बाद आत्मपरकता का विधान करता है । प्रिया प्रिय को सम्बोधित करती हुई कह रही है कि हे सघन आनन्द के देने वाले और सब कुछ अत्यन्त कुशलता से समझने वाले सुजान प्रिय (तुम सब जानते हो, फिर भी कहना इसलिए पड़ता है कि तुम जानते कुछ और हो, आचरण कुछ और करते हो) सुनो, यहाँ (इत) इस प्रेममार्ग में केवल एक अंक है । दूसरा कोई अंक है ही नहीं । (यहाँ अपने व्यक्तित्व को प्रिय के व्यक्तित्व से अलग रखने की बात चल ही नहीं सकती । कबीर का ढाई आखर यहाँ एक अंक में सिमट आया है ।) यहाँ दोनों एक बिन्दु पर सिमट आते हैं । अत: चालाकी (जैसी तुम्हारे पास है ।) यहाँ नहीं चलने वाली । वह सुजान प्रिय सबका मन ले लेता है, अपना किसी को नहीं देता (लै ही रहे हो सदा मन और को दैबो न जानत राज दुलारे) इसकी ओर संकेत करती हुई वह कहती है कि हे लला (क्रीड़ाप्रिय) कौन सी पाटी तुमने पढ़ी है (यह चतुरता कहाँ सीखी है तुमने) कि दूसरे का मन लेकर अपना छटांक भी नहीं देते हो ।

'लला' के स्थान पर 'कहौ' पाठ भी है । अर्थ में इससे कोई अन्तर नहीं पड़ता किन्तु 'लला' से नाटकीयता बढ़ जाती है क्योंकि वह प्रिय के खिलंदड़ेपन और प्रेमिका के उच्छल अनुराग का सूचक है ।

मन लेकर छटांक न देने की जो कुशल चतुरता प्रिय के पास है वह प्रेम के क्षेत्र में नहीं होनी चाहिए, यही संकेत है । चमत्कार 'मन' के श्लेष पर आधारित है । छटांक का अर्थ एक सेर का सोलहवाँ भाग है । प्रणय के क्षेत्र में शोभा (छटा) का अंक (झलक) न देने का संकेत ।

अति प्रसिद्ध छन्द । प्रेममार्ग की विलक्षणता । निष्कपट चित्त का पूर्ण समर्पण ही यहाँ अभीष्ट है । अन्तिम पंक्ति में मन (चालीस सेर वाला, श्लेष) लेकर छटांक (एक सेर का सोलहवाँ भाग, श्लेष: छटा का अंक, एक झलक) तक न देने वाले चतुर खिलंदड़े प्रिय को उपालम्भ । 'भाष्येन्दुशेखर' में परिवृत्त अलंकार माना गया है, जिसकी आवश्यकता इसलिए नहीं है कि यहाँ जोर

वस्तुतः लेन-देन पर नहीं है, इस पर है कि प्रेम के क्षेत्र में यह चतुराई उचित नहीं।

तीसरी पंक्ति में 'इत' के स्थान पर 'यहाँ' पाठ भी मिलता है, जो समानार्थक है।

साधनि ही मरियै भरियै अपराधनि बाधनि के गुन छावत।
देखैं कहाँ ? सपनेहूँ न देखत नैन यौं रैन दिना झर लावत।
जो कछूं जान लखैं घनआनंद तौ तन नेकु न औसर पावत।
कौन वियोग-भरे अंसुवा, जु संजोग मैं आगेई देखन धावत ॥३३॥

कवि ने वियोगिनी के आँसुओं को ही उसके सबसे बड़े प्रतिद्वन्द्वी के रूप में चित्रित किया है। इससे व्यथा की गम्भीरता व्यंजित होती है। वियोगिनी की आँखों से दिन-रात आँसू बरसते रहते हैं। इन्हीं आँसुओं के कारण वह सोने नहीं पाती। अगर सो पाती तो सपने के बहाने ही प्रिय की झलक मिल जाती। दूसरी ओर अगर कभी प्रिय का साक्षात हो जाये तो भी आँखें सामने खड़े प्रिय को नहीं देख पातीं क्योंकि ये आँसू न जाने किस वियोग में भरे रहते हैं कि पहले ही दौड़ पड़ते हैं।

वियोगिनी कहती है कि ये आँसू (मेरे प्रति) अपराधों का जाल (गुण, प्रिय के गुण रूपी रस्सी से निर्मित जाल) बिछाए हुए हैं, जिसके कारण मैं प्रिय को कभी (जागृति या सुप्ति में, संयोग या वियोग में) आँख भर कर देख नहीं पाती। प्रिय को देखने की साध लिये ही मैं मरती रहती हूँ। ('भरियैं' को बताती हूँ या दिन काटती हूँ, के रूप में न देखकर अगर आँसुओं के साथ जोड़ें तो अर्थ इस प्रकार होगा 'ये आँसू अपराध से भरे हैं और इसी कारण मैं प्रिय को देखने की साध लेकर तड़पती हुई दिन काटती हूँ। मरने की तरह जी रही हूँ।' वैसे भरियैं में जिस किसी तरह दिन काटने की ध्वनि तो है ही।)

रात दिन ये आँसू ऐसी झड़ी लगाए रहते हैं कि प्रत्यक्ष देखने की कौन कहे, स्वप्न में भी प्रिय के दर्शन नहीं हो पाते। (आँसुओं के कारण नींद ही नहीं आती है तो सपने कहाँ से आएँ ?)

प्रिय अगर सामने पड़ जाता है तो उसे देखने का अवसर न तो आँखों को मिलता है, न शरीर के अन्य अंगों को ही कोई अवसर मिल पाता है, क्योंकि पहले ही ये आँसू उमड़ पड़ते हैं। न जाने ये आँसू किस वियोग में भरे रहते हैं !

वियोगिनी के मन में आँसुओं के लिए इस तरह की खीज स्वाभाविक है क्योंकि वह तो वियोग में भरी हुई है। उसके मन में प्रिय को आँख भरकर देखने, स्पर्श और आलिंगन करने की स्वाभाविक उत्कंठा (अंग अंग में) भरी हुई है। प्रिय की उपस्थिति पहले तो होती नहीं और कभी हो भी जाए तो ये आँसू उमड़कर आँखों को दृष्टि-विहीन कर देते हैं।

लम्बे अन्तराल के बाद प्रिय दर्शन के समय स्वाभाविक रूप से उमड़ आने वाले आँसुओं को भी अपने और प्रिय के बीच में यह विरहिणी बर्दाश्त करने को तैयार नहीं है।

आँसुओं को विरहिणी से अलग व्यक्तित्व देकर सूक्ष्म कवित्व का विधान किया गया है।

छन्द की एक विशेषता यह भी है कि इसमें प्रवासजन्य विरह की स्थिति को स्वीकार करना सहज नहीं लगता क्योंकि 'प्रिय का कभी सामने पड़ जाना' यह प्रवास विरह की स्थिति तो है नहीं। अतः पूर्वानुराग माना जा सकता है। पूर्वराग में भी विरह की तीव्रता होती है, अतः अस्वाभाविक भी नहीं कहा जा सकता। वैसे प्रवास विरह का सन्दर्भ भी इस प्रकार स्वीकार किया जा सकता है कि जब कभी प्रिय आया तो ऐसा हुआ, अब तो वह फिर लौट गया है। इस स्थिति का चित्रण बिहारी इस प्रकार करते हैं :

इन दुखिया अंखियानि को सुख सिरज्योई नाहिं।
देखत बनैं न देखतें, बिनु देखे अकुलाहिं॥

इसमें पूर्वराग जितना स्पष्ट है, आनन्दघन ने कौशलपूर्वक ही उतना स्पष्ट नहीं होने दिया है।

संयोग का अवसर मिलने पर वियोगिनी के आँसू ही उसके सबसे बड़े प्रति-द्वन्द्वी हो जाते हैं। आँसुओं को पूर्ण व्यक्तित्व प्रदान किया गया है। प्रस्तुत चित्र पूर्वराग और प्रवास विरह दोनों स्थितियों में समान महत्त्व का है।

एरे बीर पौन तेरो सबै ओर गौन, बीरी
तो सौ और कौन मनै ढरकौंहीं बानि दै।
जगत के प्रान, ओछे बड़े कों समान घन-
आनंद निधान सुखदान दुखियानि दै।
जान उजियारे गुन-भारे अंत मोही प्यारे
अब ह्वै अमोही बैठे पीठि पहिचानि दै।

बिरह बिथाहि मूरि, आँखिन मैं राखौं पूरि,
धूरि तिन पायन की हाहा ! नेकु आनि दै ।। ३४ ।।

प्रवासी प्रिय का संधान करके उनके चरणों की धूल ला देने में समर्थ पवन से विरहिणी प्रार्थना कर रही है। सम्बोधन में ही उत्तम श्लेष है। हे भाई पवन (वीरतापूर्ण कार्य करने वाले, समर्थ) तुम्हारी सर्वत्र गति है। दुःसाध्य कार्य करने के लिए बीड़ा उठाने वाला (बीरी) भी तुम समान कोई और नहीं है ? (अनन्वय) बस, तुम द्रवित होने की आदत (ढरकौंहीं बानि) डाल लो। (मेरी करुण दशा के प्रति द्रवित हो जाओ तो तुम्हारे मार्ग में कोई बाधा नहीं आ सकती, जिसे तुम पार न कर लो। सर्वत्र गति वाले हो अत: प्रिय तक पहुँच ही जाओगे। बीड़ा उठाने की आदत तुमको है ही।) भाई पवन को दुःसाहसी, सर्वत्र गति-वाला और प्रवणशीलचित्त का बताने के बाद उसके स्वभाव की कुछ और विशेष-ताओं का स्मरण कराती हुई विरहिणी कहती है कि तुम जगत के प्राण हो (तुम्हारे ही माध्यम से सभी प्राणी प्राण धारण करते हैं। अत: मेरे प्राणों के पोषण का उपाय भी अवश्य करोगे।) इतना ही नहीं तुम 'समदरसी' भी हो। छोटे-बड़े सबको समान रूप से उपकृत करते हो। (मुझमें अपात्रता हो तो भी तुम मुझ पर दया करोगे।) तुम सघन आनन्द के संपुंज हो। (तो मुझ विरहिणी को पल भर का आनन्द भी अवश्य दोगे), दुखियों को सुख देना तुम्हारा स्वभाव है। पवन की विशेषताएँ बताने के बाद विरहिणी अपने प्रवासी प्रिय की असा-धारण विशेषताएँ बताती हुई कहती है कि (प्रिय को ढूंढ़ना कठिन नहीं है क्योंकि) वे सुजान हैं। जगत में उनका यश प्रकाशित है (उजियारे)। वे भारी गुणों वाले हैं। (तुम जब उनके पास पहुँचोगे तो मेरे पास से आया जानकर वे तुम्हारा सत्कार करेंगे क्योंकि) वे अन्ततः (या अन्तकरण के) मोही हैं। वे अत्यन्त प्यारे स्वभाव के हैं (यह समय का फेर है कि इस समय) अमोही (मोहरहित) होकर पिछली पहचान (प्रीति) को पीठ देकर (भुलाकर) परदेश में जा बैठे हैं।

'अन्त मोही का' अर्थ अन्यत्र मोह में पड़ा हुआ, किया जाता है। आनन्दघन जिस गम्भीर प्रेम के समर्थक हैं उसमें इस तरह के लांछन को स्थान नहीं है। साथ ही अन्यत्र 'अन्त' का स्वाभाविक अर्थ भी नहीं है। एक मार्मिक संकेत यह भी है कि उन्होंने मुझसे मोह किया है और अन्त तक करेंगे। यही विश्वास विरहिणी की आशा का आधार है।

अन्त में वह पवन से प्रार्थना करती है कि प्रिय के पाँवों के थोड़ी-सी धूल अपने साथ उड़ाकर ला दे तो वियोग से जलती आंखों को मैं जुड़ा लूँगी। विरह-व्यथा की औषध वह धूल ही है (विरह-बिथाहि मूरि)। साधारणतः आँखों में

धूल पीड़ा पहुँचाती है किन्तु यहाँ प्रिय के साहचर्य को पाने वाली किसी भी वस्तु की कामना इतनी तीव्र है कि उसको आँखों में भर लेने से विरहिणी की आँखों की पीड़ा दूर हो जाएगी।

'विरह-बिथाहि मूरि' इस पद की व्याख्या धूल (प्रिय के पाँवों की) के रूप में की जाती है, किन्तु इस पूरे पद को वियोगिनी आँखों का विशेषण मान लें तो और महत्त्वपूर्ण अर्थ निकलता है। ये आँखें ही विरह-व्यथा की जड़ (मूरि) हैं। प्रिय के रूप के प्रति आसक्ति इन्हीं आँखों के माध्यम से उत्पन्न हुई। इसीलिए ये आँखें ही अधिक दुखी हैं, साहचर्यलिप्सा इन्हीं को सबसे अधिक है। सूर की गोपियाँ भी यही कहती हैं: 'इन नैना विरह की बेलि बई'।

मरिबो बिसराम गनैं वह तौ यह बापुरो मीत तज्यौ तरसै।
वह रूप-छटा न सहारि सकै यह तेज तवै चितवै बरसै।
घनआनंद कौन अनोखी दसा मति आवरी बावरी ह्वै थरसै।
बिछुरें मिलें मीन-पतंग दसा कहा मो जिय की गति को परसै॥ ३५॥

प्रणय-क्षेत्र में आत्मोत्सर्ग के लिए मीन और पतंग दोनों अप्रतिम कहे जाते हैं। पतंग अपने प्रिय (दीपक) से इतने तीव्र आवेश के साथ मिलता है कि अपने को जला डालता है। उधर मीन अपने प्रिय (जल) से पल भर का विछोह होते ही प्राण छोड़ देता है। यहाँ कवि इस बात को रेखांकित करना चाहते हैं कि प्रणयी रूप की ज्वाला को भी झेल लेता है और बिछुड़न की पीड़ा को भी भोगता रहता है। अतः इन विश्वविख्यात प्रेमियों का मरण प्रेम की गरिमा को कम कर देता है। ये तो प्राण देकर दुःख के भार से छूट जाते हैं, प्रेम की पीर का स्पर्श भी नहीं कर पाते।

साहस और धैर्यपूर्वक सारी पीड़ा को सहन करने वाला प्रेमी कहता है कि वह (मीन) तो प्रिय (जल) से वियुक्त होकर मर जाने को ही विश्राम (दुख से मुक्ति का उपाय) मानता है जबकि (प्रेमी बेचारा) मेरा मन बेचारा मीत (प्रिय) के द्वारा छोड़ दिए जाने पर भी (जान देकर झंझट से मुक्त न होकर) उसी (निठुर प्रिय) के दर्शन के लिए बार-बार तरसता रहता है। प्रिय-दर्शन के अभाव और प्रिय की उपेक्षा के दुख को सहन करता हुआ प्रेमी आशा के सूत्र को नहीं छोड़ता। दूसरी ओर वह (पतंग) अपने प्रिय (दीपक) के रूप की छटा को (रूप-ज्वाला) सम्हाल नहीं पाता, उसी में जलकर प्राण दे देता है। इधर प्रेमी का मन प्रिय के (रूप की दीप्ति) रूप तेज में जलता रहता है, फिर भी उधर देखना छोड़ता नहीं। एक ओर वह प्रिय की रूप-ज्वाला से जलता रहता

है, दूसरी ओर उस आनन्द में अश्रुधार बरसाता रहता है। (तपने के साथ बरसने में सुन्दर विरोधाभास है।)

विरही प्रवासी प्रिय को सम्बोधित करता है (घन आनन्द का श्लेश) हे सघन आनन्द देने में समर्थ प्रिय ! इस मति (मेरी मति) की यह कौन-सी विचित्र दशा है कि यह पगली (बावरी मति) विकल (आवरी) होकर त्रस्त होती है (थरसैं), फिर भी (मीन और पतंग की तरह) प्राण देकर इस दारुण दुख से मुक्त होना नहीं चाहती। (क्योंकि प्रेमी की बावरी मति को इस बात का ध्यान है कि अगर वह घबराकर मर गया तो प्रिय पर निष्ठुरता का कलंक लगेगा। यह बात वह (प्रेमी) सहन नहीं कर सकता कि उसके प्रिय को कोई निठुर कहे, इसलिए वह जीवित रहकर प्रिय द्वारा दिए गए दुसह दुख को सहन करता है।)

अन्त में विरही अपनी अकथ कथा को कहता तो नहीं, यह जरूर कहता है कि मेरे हृदय की गति को मीन और पतंग के प्रतीकों के सहारे समझा नहीं जा सकता। मिलन के समय पतंग और विरह के समय मीन की दशा, दोनों बहुत करुणापूर्ण हैं किन्तु प्रिय के वियोग में मेरे हृदय की जो दशा है, मीन और पतंग की दशा उसका स्पर्श भी नहीं कर सकती।

प्रेमी की विरह-दशा अवर्णनीय और अतुलनीय है। एक दूसरे छन्द में कवि मीन को प्रिय पर कलंक लगाने वाला कायर कहते हैं। वह स्पष्ट कहते हैं कि 'या मन की जु दसा घन आनन्द जीव की जीवनि जान ही जानै।' (दे० छन्द ३६)

छत्तीसवें छन्द के समान लोक विद्युत प्रेमी, मीन और पतंग की दशा का ओछापन और प्रेमी के हृदय की दशा की गम्भीरता, दोनों की तुलना। विरोधाभास।

हीन भएं जल मीन अधीन, कहा कछु मो अकुलानि समानै।
नीरसनेही कों लाय कलंक निरास ह्वै कायर त्यागत प्रानै।
प्रीति की रीति सु क्यों समुझै जड़, मीत के पानि परै कों प्रमानै।
या मन की जु दसा, घनआनंद जीव की जीवनि जान ही जानै ॥ ३६ ॥

आनन्दघन के अधिकांश छन्दों में विरही की भाव दशा का वर्णन इस रूप में किया गया है कि आश्रय के रूप में स्त्री को माना जाए या पुरुष को, अर्थसौन्दर्य में कोई बाधा नहीं पड़ती। यह छन्द भी इसी प्रकार का है।

विरही अपने विरहदग्ध मन की दशा की तुलना मीन (की तड़प) से करता हुआ कहता है कि जल से बाहर निकाले जाने पर तड़पकर प्राण देने वाले मीन

के प्रेम भाव को महत्त्वपूर्ण मानकर संसार में उसे आदर्श प्रेमी माना जाता है, यह सत्य है। किन्तु, अपने अनुभव से विरहाकुल प्रेमी यह सिद्ध करता है कि तड़पने और जान देने से मीन के प्रेम की प्रगाढ़ता के बदले उसका छिछलापन ही अधिक प्रमाणित होता है। जान देकर दुख से मुक्ति पा लेने वाला उस असह्य दुख को तिल-तिलकर जलते हुए झेलने वाले विरही की समानता कैसे कर सकता है ?

मीन जल के अधीन रहता है। अतः जल के घट जाने पर (या जल से अलग हो जाने पर) उसका तड़पना स्वाभाविक है। यहाँ विरही कहता है कि उसका तड़पना मेरी आकुलता की समानता नहीं कर सकता। जल के वियोग में तड़पकर मर जाने वाला मीन अपने प्रिय (जल) पर निठुर होने का कलंक लगाता है। (अपनी मृत्यु से प्रिय की कठोरता को जग जाहिर कर देता है।) नीरसनेही में सभंग श्लेष का चमत्कार भी है। नीरस को नेही (प्रेमी जल) का विशेषण मान लेने पर अर्थ होता है कि जल नीरस नेही है, अतः मीन के प्रति कठोर है।

यहाँ विरह की प्रत्येक दशा को झेलने का साहस रखने वाला प्रेमी कहता है कि मीन जल से वियुक्त होकर इसलिए प्राण त्याग देता है कि वह कायर है। प्रणय के क्षेत्र में दुख की मार को वह सहन नहीं कर सकता। वह आशावादी भी नहीं है, इसलिए निराश हो जाता है, जबकि प्रणयी आशा के सूत्र को मृत्यु के बाद भी नहीं छोड़ता। आशा और साहस दोनों के अभाव में मीन स्वयं तो मरता ही है जल के ऊपर नीरस और कठोर होने का कलंक लगा देता है। अपने प्राण देकर वह यह प्रमाणित कर देता है कि वह जड़ प्रेमी के हाथ पड़ गया था। अथवा वह जड़ (मीन) प्रीति की रीति को नहीं समझ पाता। उल्टे मीत (जल) के हाथों (उसके प्रेम में) पड़ने को कलंकित (प्रमाणित) करता है। ऐसा मीन भला प्रीति की विलक्षण रीति को कैसे समझ सकता है ? वियोग व्यथा से घबराकर प्राण दे देना, प्रणय के क्षेत्र की सूक्ष्म रीति नीति के प्रति उसकी अनभिज्ञता ही प्रकट करता है।

यहाँ प्रेमी अपनी व्यथा की गम्भीरता और उसको निरन्तर झेलते रहने की यातना की ओर संकेत करता है कि उसकी यातना मीन जैसे प्रेमी की समझ में आने वाली चीज नहीं है। ध्वनि यह भी है कि जो संसारी लोग मीन को ही आदर्श प्रेमी मानते हैं, वे इस विरही की पीड़ा का अनुमान भी नहीं कर सकते। विरह की असह्य यातना का आस्वादन करने वाला प्रेमी कहता है कि मेरे मन की दशा केवल वह प्रिय ही समझ सकता है जो मेरे प्राणों का प्राण है, जीवन का जीवन है। 'जान' विशेषण में भी एक संकेत है कि वह प्रिय सब कुछ जानने वाला है इसीलिए मेरी पीड़ा को भी जान लेगा। प्रेमी की आशा का सूक्ष्म तार यहीं है, प्रिय के प्रति अखण्ड विश्वास।

प्रेम के लोक-प्रसिद्ध आदर्श मीन और पतंग के प्रेम की आनन्दघन के गम्भीर प्रेम के समक्ष क्षुद्रता । प्रेम या विरह में प्राण देकर पीड़ा से मुक्ति पाने वाला कायर है । प्रेमी का मन सब कुछ झेलता हुआ जीवित रहता है और उस व्यथा का आस्वादन करता है ।

लै ही रहे हौ सदा मन और को दैबो न जानत राजदुलारे ।
देख्यौ न है सपने हूँ कहूँ दुख, त्यागे सकोच औ सोच सुखारे ।
कैसो संजोग बियोग धौं आहि ! फिरौ घन आनंद ह्वै मतवारे ।
मो गति बूझि परै तब ही जब होहु घरीक हू आप तें न्यारे ॥ ३७ ॥

अपनी दुर्वह पीड़ा और प्रिय की असाधारण मस्ती एवं उसके फलस्वरूप उत्पन्न सहज निठुराई को व्यक्त करती हुई विरहिणी कहती है कि हे प्रिय ! जिस स्थिति में आप हैं, उसमें रहकर मेरे मन की व्यथा का अनुमान भी नहीं हो सकता। इसीलिए आप मेरे दुख की ओर से उदासीन हैं । (प्रिय-इतना आकर्षक है कि जो भी उसे देखता है वही अपना सर्वस्व समर्पित करने को प्रस्तुत हो जाता है, अत: उसे केवल दूसरों का समर्पण पाने का अभ्यास है । उसके मन में किसी के प्रति समर्पण की कोई भावना नहीं उठती । ऐसी दशा में अपना सर्वस्व अर्पित कर देने वाले प्रेमियों की वेदना को वह कैसे समझ सकता है ?)

विरहिणी कहती है कि हे प्रिय ! हे राजदुलारे ! आप दूसरों का मन लेना ही जानते हैं, कभी किसी को मन देने (और उसके परिणाम) का कोई अनुभव आपको नहीं है । जब मन ही किसी को नहीं दिया तो मन दूसरें को दे देनें से अपने पर क्या बीतती है, यह जानने का सवाल ही कहाँ उठता है ? दुख के दर्शन तो आपने स्वप्न में भी नहीं किए । सब तरह की चिन्ता और संकोच से मुक्त होकर आप परम सुखी हैं । आप तो मस्त होकर घूम रहे हैं । संयोग और वियोग कैसा होता है, इसका कोई आभास आपको नहीं है । (कहना चाहती है कि तुम्हारे पल भर के दर्शन से जो सुख मुझको होता है, न तो तुम्हें उसका अनुमान है और न इस बात का ही, कि तुम्हारे वियोग में मुझ पर क्या गुजरती है ।) यहाँ घनआनन्द का प्रयोग विशेषण के रूप में विशेष अर्थसौन्दर्य उत्पन्न कर देता है । आकाश के बादलों की तरह अपने ही आनन्द में मस्त तुम इधर-उधर घूमते रहते हो । इधर मेरी दशा यह है कि मैंने अपने हृदय को तुम्हारे प्रति ही समर्पित कर दिया है । इस प्रकार मैं स्वयं अपने से ही अलग हो गई हूं । मेरी इस विषम स्थिति का अनुमान आप तभी कर सकते हैं जब पल भर के लिए आप अपने को

अपने से अलग करके देखें। (प्रिय का स्वभाव मस्ती का है, अतः वह अपने से अलग होगा, इसकी कोई आशा नहीं है, इसीलिए यह भी स्पष्ट है कि वह विरहिणी की वेदना को कभी नहीं समझ पाएगा। ध्वनि यह है कि हे प्रिय ! मेरा यह दुख अमिट है और आप इसको समझ भी नहीं सकेंगे। विरहिणी को तो वेदना की निरन्तरता में ही आनन्द है क्योंकि वह वेदना भी प्रिय के प्रति समर्पण के कारण ही उत्पन्न हुई है।)

जगत गति से उदासीन रहने वाला सदा सुखी रहता है। (सबते भले हैं मूढ़ जिन्हें न व्यापै जगत गति—तुलसी) किन्तु यहाँ प्रिय की मूढ़ता की ओर उतना संकेत नहीं है जितना अपनी वेदना की अगम्य स्थिति की ओर। इतने साफ ढंग पर इतनी गम्भीर बात की व्यंजना आनन्दघन की अपनी विशेषता है।

एकनिष्ठ प्रेमी की विवशता और अनेक से घिरे आलंबन की मस्ती। अपने आपसे पृथक् हुए बिना आनन्दघन की प्रेम पीर का रहस्य समझना असम्भव।

घनआनंद जीवनमूल सुजान की कौंधन हूँ न कहूँ दरसैं।
सु न जानियै धौं कित छाय रहे दृग-चातिग-प्रान तपैं तरसैं।
बिन पावस तौ इन थ्यावस हो न सु क्यौं करि ये अब सो परसैं।
बदरा बरसै रितु मैं घिरि कै नित ही अंखियाँ उघरी बरसैं॥३८॥

तीव्र प्रणयानुभूति के कारण सब कुछ भुला देने वाली प्रिया प्रवासी प्रिय की झलक तक पाने को तरस रही है। प्रिय सघन आनन्द प्रदान करने वाला सुजान है (जो सब कुछ अच्छी तरह जानता है), विरहिणी के जीवन का तो वह मूल ही है। (इस समय जीवनमूल पास नहीं, दूर है।) वियोग में निर्जीव (जीवन-मूल से अलग) होती जा रही वह प्रिया (अब मात्र विरहिणी) चाहती है कि प्रिय की एक झलक ही मिल जाए तो उसमें जीवन का संचार हो जाए। पर वह झलक नहीं मिलती। उस झलक की लालसा से भरे अपने नेत्रों को वह चातक कहती है। इन चातकों के प्राण तड़प रहे हैं, तप्त हो रहे हैं, तपन मिटाने को तरस रहे हैं। उधर प्रिय अब प्रवासी हो गया है। (प्रिय के अन्यत्र विराजमान होने की क्रिया से लेकर उसके सम्बन्ध में प्रयुक्त विशेषण तक, सभी श्लिष्ट हैं जिससे वह प्रिय चातक को तृप्त करने वाले बादल के रूप में प्रस्तुत हो सके।) नेत्र रूपी चातक तप रहे हैं, तड़प रहे हैं, उधर जगत प्राणों का मूल, सघन आनन्ददाता प्रिय (बादल) न जाने कहाँ छाया हुआ है ? उसके दर्शन तो क्या, एक झलक (कौंध) भी नहीं मिलती। ये चातक पावस घिरने पर ही (स्वाति

नक्षत्र के मेघ छा जाने पर) अर्थात् प्रिय के दर्शन होने पर ही धैर्य (ध्यावस, स्थिरता) धारण करेंगे। बिना पावस के आए प्रिय (बादल जो न जाने कहाँ छाया हुआ है) आएगा नहीं और जब तक प्रिय नहीं आता, ये नेत्र (चातक) शांत नहीं होंगे। शांति को प्राप्त करना तो दूर शांति का स्पर्श भी ये तड़पते हुए नेत्र बिना बादल के आए कैसे करेंगे ? इनके शांत होने का तो अभी सवाल ही नहीं उठता। यहाँ सम्पूर्ण छन्द का चमत्कार इस बात में केन्द्रित है कि वह प्रिय बादल जैसा दिखाई तो देता है (छाए रहना, घनआनन्द, जीवनमूल, ये सब बादल की विशेषताएं हैं) फिर भी बादल की तरह आचरण नहीं करता। बादलों का स्वभाव है कि ऋतु आने पर वे घिर कर बरसते हैं, किन्तु प्रवासी प्रिय समय आने पर भी (वियोग ताप की सीमा, प्राणों की क्षमता की सीमा) पास आकर दर्शन जल से प्यास नहीं बुझाता। इतना ही नहीं वह प्रिय (बादल जैसा होते हुए भी) इतना कठोर है कि उसकी कठोरता के कारण बिरहिणी की आँखें उघड़ी हुई हैं। (उघड़ी से तात्पर्य उजड़ी हुई, सूनी आँखों से है।) कवि ने अन्य छन्द में 'भाग' को उघरी बताया है। 'ह्वै हैं सोऊ घरी भाग उघरी आनन्दघन, सुरस बरसि लाल देखिहौ हरी हमें।' सूना आकाश बरसता नहीं है। बादल घिर कर ही बरसते हैं। इन उघरी (सूनी अभागिन) आँखों की दशा यह है कि बिना घिरे ही ये रात-दिन बरसती रहती हैं।

आँखों के दो उपमान हैं : चातक और सूना आकाश। बिना बादल (प्रिय-दर्शन) के आँखों के आकाश (उजड़ेपन) के नित्य बरसते रहने में जो विरोध का चमत्कार है, वह व्यथा की तीव्रता को बढ़ा देता है।

श्लेष, रूपक और विरोधाभास के कारण भाव-गांभीर्य के साथ ही छन्द में कलात्मक प्रौढ़ता का भी अपूर्व मेल हो गया है।

रहस्यात्मकता देखने का कोई ठोस आधार इस छन्द में नहीं है।

प्रवासी प्रिय के प्रति तीव्रप्रणयानुभूति का निवेदन। विरोध का चमत्कार गम्भीर भाव-व्यंजना में सहज सहायक। 'नैनउ धारि दियें बरसें' छन्द से तुलनीय।

सुखनि समाज साज सजे तित सेवैं सदा,
जित नित नए हित फंदनि गसत हौ।
दुख तम पुंजनि पठाय दै चकोरनि पै,
सुधाधर जान प्यारे, भले ही लसत हौ।

जीव सोच सूखै गति सुमिरें अनंदघनै,
कित हूँ उघरि कहूँ घुरि कै रसत हौ।
उजरनि बसी है हमारी अँखियानि देखौ,
सुबस सुदेस जहाँ भावते बसत हौ ॥३६॥

असह विरह दुख को अकेली झेलती हुई विरहिणी प्रवासी प्रिय को ही सम्बोधित करके कहती है कि हे प्रिय ! मुझे छोड़कर आप जहाँ जाकर बस गए हैं वहाँ (आपकी उपस्थिति के कारण) सुखों का सारा समाज एकत्र हो गया है। वे सभी (सुखोपकरण) आपकी सेवा करते हैं। वहाँ आपके अगणित प्रेमी हैं, जिनके प्रणयपाश (हित फंदनि) में आप निरन्तर बँधते चले जा रहे हैं। (कुछ विद्वान व्याख्याकार इस पंक्ति में यह भाव देखते हैं कि हे प्रिय तुम वहाँ अपने प्रेम के फंदे में दूसरों को बाँधते हो। यहाँ ध्यान देने की बात यह है कि यह प्रिय इतना विलक्षण है कि जो भी उसे देखता है, स्वयं उसकी ओर सहज ही आकृष्ट हो जाता है। अपनी ओर आकर्षित करने के लिए उसे कोई प्रयत्न नहीं करना पड़ता।) यहाँ स्वाभाविक अर्थ यही है कि उस प्रिय को बाँधने के लिए बहुत से लोग प्रणयपाश फेंकते हैं जिनमें उलझकर वह अपनी पुरानी प्रिया को भूल जाता है। आगे वह कहती है कि हे प्रिय ! तुम अमृत को धारण करने वाले हो (तुम्हारे साहचर्य में अमृत की प्राप्ति होती है। 'सुधाधर' में प्रिय के मांसल सौन्दर्य की व्यंजना बहुत स्पष्ट है।) सुधासिक्त अधरों वाले हे प्रिय ! वहाँ तुम्हारा रूप और भी निखर आया है (लसत हौ) क्योंकि वहाँ प्रेमियों की कामना का बलय वृहत्तर हो गया है। किन्तु जरा सोचो तो कि तुम चन्द्र होकर भी (जो जगत को सुधापुरित करता है) अपना प्रकाश वहीं तक सीमित रखते हो। जो तुम्हारे प्रेमी रूपी चकोर हैं उनकी ओर तुम्हारा विरह रूपी अँधकार ही प्राप्त होता है। चन्द्रमा प्रकाश फेंकता है और चकोरों को तृप्त करता है। यहाँ अंधकार विकीर्ण करता हुआ चन्द्रमा (प्रिय) चकोरों (प्रेमियों) का दुख बढ़ाता है।

विरहिणी कहती है कि हे सघन आनन्द देने में समर्थ (अब विमुख) प्रिय ! तुम्हारी इस विषम गति को सोच-सोचकर हमारे प्राण सूख रहे हैं कि कहीं तो तुम एकदम उघड़ जाते हो और कहीं घुमड़-घुमड़कर बरसते हो। (बादल वाली विशेषताएँ उघड़ना=विलुप्त हो जाना, घरि घुमड़-घुमड़कर।)

अन्तिम पंक्ति में कबि अपने प्रिय अलंकार विरोधाभास का प्रयोग करते हैं। विरहिणी कहती है कि मुझे छोड़कर जाने वाले हे प्रिय ! तुम ऐसे हो ही कि उजड़े प्रदेश में जाओ तब भी वह प्रदेश (तुम्हारे प्रबल आकर्षण के कारण) सुन्दर लोगों से बसा हुआ हो जाएगा। किन्तु इस पर विचार करो कि तुम्हारे न

रहने पर हमारी आँखों में बसने के नाम पर केवल उजरनि (उजाड़ स्थिति, बसने की विरोधी स्थिति) ही बसी हुई है; इन आँखों की दशा बिना देखे नहीं जान सकते। उजाड़ को बसाने वाली आँखों की व्यंजना विशद है।

विरहिणी प्रवासी प्रिय के प्रति कहती है कि मेरी आँखों में उजरनि बसी है। सुन्दर बस्ती तो वहीं है, जहाँ तुम हो। 'उजरनि (उजाड़) का बसना' तीव्र व्यथा की निरन्तरता का विरोधमूलक चित्र। भाषा और अलंकार का विलक्षण प्रयोग।

तब तौ छबि पीवत जीवत हे, अब सोचन लोचन जात जरे।
हित-पोष के तोष सु प्रान पले, बिललात महादुख-दोष-भरे।
घनआनंद मीत सुजान बिना, सब ही सुख-साज समाज टरे।
तब हार पहार से लागत हे, अब आनि के बीच पहार परे।।४०।।

प्रवास विरह की असह्य पीड़ा झेलती हुई विरहिणी स्थिति की तुलना संयोग के दिनों से करती हुई कहती है कि संयोग में अनुकूलता जितनी अधिक थी, वियोग में प्रतिकूलता उतनी ही बढ़ गई है।

पहले (संयोग के दिनों में) जो नेत्र (आश्रय के) प्रिय के सौन्दर्य की सुधा का पान करके अपनी जीवनी शक्ति का निरन्तर विकास करते थे अब वे ही सोच की (विरह की चिन्ता) आँच में जलते रहते हैं। अब उन्हें छवि सुधा तो क्या साधारण जल भी उपलब्ध नहीं है। विरहिणी सोचती है कि पहले उसके प्राण प्रिय द्वारा प्राप्त हितचिन्ता (कल्याण कामना) के अमित तोष (तृप्ति का आनन्द) से पलते रहते थे। प्रिय मेरे प्राणों के लिए अद्भुत आनन्ददायक प्रीति पोषण की व्यवस्था करते रहते थे। अब, जब प्रिय दूर हैं, इन प्राणों की दशा यह हो गई है कि ये तृप्ति के एक-एक कण के लिए तरस रहे हैं, बिलबिला रहे हैं। अब ये प्राण महत कष्ट का, अभाव और अभावजन्य दुख का अनुभव कर रहे हैं। इस अभाव की पीड़ा को संयोगकालीन परम तृप्ति की स्मृति और बढ़ा देती है। अन्तिम पंक्ति में संयोगकालीन स्नेह की प्रगाढ़ता की स्मृति का उल्लेख है कि सुख के उन सघन क्षणों में दोनों शरीरों के बीच (आलिंगन के समय) छाती पर पड़ा हुआ हार पहाड़ की तरह (असह्य) लगता था। हार तक को उतारकर ही आलिंगन स्वीकार्य होता था। अब समय विपरीत होने पर प्रवास के कारण उन्हीं दोनों शरीरों के बीच की दूरी इतनी बढ़ गई है कि बीच में अनेक दुर्लंघ्य पहाड़ आकर पड़ गए हैं। ध्वनि यह कि पहले हार को पहाड़ मानकर उतार फेंकने वालों के बीच वास्तव में अलंघ्य पहाड़ों की दूरी आ गई

है। 'हार पहार' में सभंग यमक की छटा और बीच में पहाड़ आ पड़ने के मुहावरे से भाषा की अनूठी भंगिमा प्रकट होती है।

हार को पहाड़ की तरह देखने वाले प्रेमी युग्म की ऐन्द्रिय संवेदना का संकेत बड़ी सफाई के साथ इस छन्द में व्यंजित है। इसलिए आनन्दघन की विरहानुभूति में इतनी असाधारण तीव्रता और विश्वसनीयता आ सकी है।

इस छन्द में आश्रय आलंबन के प्रति कोई आग्रह नहीं है। विरह की इस तीव्रता का अनुभव करने वाला आश्रय पुरुष भी हो सकता है, तब आलंबन स्त्री होगी। किन्तु प्रवास में पुरुष का जाना अधिक स्वाभाविक है, अतः वियोगिनी को आश्रय और प्रवासी पुरुष को आलंबन मानना अधिक औचित्यपूर्ण है। पहार की तरह हार की बाधा का वर्णन जब स्त्री करती है तो ऐन्द्रिय सघनता तीव्रतर रूप में उभर आती है।

बिरहा-रबि सों घट-व्योम तच्यौ बिजुरी सी खिवैं इकली छतियाँ।
हिय-सागर तें दृग-मेघ भरे उघरे बरसैं दिन औ' रतियाँ।
घनआनंद जान अनोखी दसा, न लखौं दई कैसे-लिखौं पतियाँ।
नित सावन दीठि सु बैठक मैं टपकैं बरुनी तिहि ओलतियाँ॥४१॥

आश्रय का रागपूरित हृदय अनायास अलंकारों को भी सहज अनुभूति का अंग बना लेता है। विरहिणी वर्षा के रूपक में कहती है कि मेरे प्राणों में असह्य पीड़ा हो रही है। उसके उपचार का कोई उपाय नहीं है। आपको पत्र भी नहीं लिख सकती क्योंकि ये नेत्र रात-दिन बरसते रहते हैं। आँसुओं की झड़ी के कारण कुछ दिखाई नहीं पड़ता। दृष्टि के आगे आँसू की झड़ी के अवरोध का चित्र अत्यन्त काव्यात्मक है।

रूपक इस प्रकार आरम्भ होता है। विरहरूपी सूर्य (की प्रखर किरणों) से यह शरीर (घट) रूपी आकाश खूब तप्त हो गया है। (जेठ में सूर्य की प्रचण्ड किरणों से आकाश तपता है तभी आषाढ़ में वर्षा की झड़ी लगती है।) (उस तपन के बाद बादल घिरे हैं जिसके बीच) मुझ अकेली (इकली) की छाती में दर्द की लहररूपी बिजली कौंधती है (खिवैं)। (व्यथा जल से भरे) हृदयरूपी सागर से दृग रूपी मेघों में जल भर गया है। (मेघ सागर से जल लेते हैं, ऐसा सिद्ध सत्य है ही।) मेरे ये नेत्र रूपी बादल उघरे हुए हैं (प्रिय की राह तकते-तकते नेत्र खुले पड़े हैं) फिर भी दिन-रात बरसते रहते हैं। कवि का प्रिय अलंकार विरोधाभास यहाँ अपने अत्यन्त सूक्ष्म रूप में आया है जो बादल उघरे हुए हैं, वे बरसेंगे कैसे? किन्तु ये नयन घन दिन-रात उघरे रहने पर भी बरसते रहते

हैं।) सब कुछ जानने वाले (जान) और सघनआनन्द स्वरूप प्रिय ! मेरी दशा अनोखी हो गई है। (ऐसी तो कभी नहीं हुई थी) मैं अपना दुख व्यक्त करने के लिए पत्र लिखना चाहती हूँ मगर वह भी नहीं कर पाती क्योंकि मुझे (इन आँसुओं के कारण) कुछ भी दिखाई नहीं पड़ता। मेरी आँखों में सावन (सर्वाधिक वर्षा का महाना) अश्रु की झड़ी बनकर दृष्टि रूपी बैठक में स्थायी रूप से बैठ गया है। बरौनियाँ ओलती (ओरी) के रूप में निरन्तर टपकती रहती हैं। आँसुओं की झड़ी से दृष्टिरूपी बैठक में सावन का बैठना और उस बैठक के बाहर बरौनीरूपी ओलती का टपकना (जिसके कारण भीतर बैठक में बैठा हुआ आदमी बाहर की चीज नहीं देख सकता) यह पूरी योजना अत्यन्त सफल मूर्त-विधान करती है। सावन को रूपक से अलग कर लें तब और भी अच्छा अर्थ निकलता है। वह कहती है, 'अश्रु प्रवाह के कारण मेरे पास निरन्तर सावन है।' (उसके बाद रूपक शुरू होता है) आँखें बैठक हैं (बंगला जिसमें बैठक लगती है)। इस बैठक में दृष्टि (नजर) बैठी हुई है। जब नजर बाहर जा ही नहीं पाती तो कागज, कलम और अक्षर कैसे दिखाई देंगे और जब कुछ दिखाई ही नहीं देगा तो लिखने का सवाल ही कहाँ पैदा होता है। आंखों की बैठक में घिरी दृष्टि बाहर इसलिए नहीं जाती कि उस बैठक की ओलती (ओरी, बरौनी-रूपी ओरी) निरन्तर वर्षा के कारण अनुक्षण टपकती रहती है।

रूपक के माध्यम से निरन्तर आँसू बरसाते विरहिणी के नेत्रों का मार्मिक वर्णन। शरीररूपी आकाश विरहरूपी सूर्य के ताप के तप्त हो गया है जिसमें दर्द की लहररूपी बिजली दिन-रात चमकती है। हृदयरूपी सागर से जल (अश्रु) दृगरूपी मेघों में भर जाता है जो उघरे रहने पर भी बरसते रहते हैं। पत्र भी नहीं लिख सकती क्योंकि (आँखों के बंगले की) बरौनीरूपी ओलती (ओरी) टपकती रहती है जिसमें दृष्टि आगे तक जा ही नहीं पाती है। सांगरूपक का परम्परागत रूप इस छन्द में नहीं है। प्रथम दो पंक्तियों का रूपक अलग है और अन्तिम पंक्ति का अलग। 'दीठि' को आँख का पर्याय मान लेने पर अनर्थ हो जाएगा। दृष्टि (नजर) आँख नहीं है, वह आँख में होती है, जिसके न होने पर खूबसूरत आँखें भी अन्धी हो जाती हैं। अतः छन्द की कलात्मकता आँख और दृष्टि के पार्थक्य पर आधारित है।

जायसी से तुलनीय : 'मोर दुई नैन चुवैं जस ओरी।'

रसना गुपाल के गुन उरझो।
बहुत भाँति छल छंद-बंद बकवाद-फंद तें सुरझो।

ब्रजमोहन-रस-चसकैं बीधी हिलग-जाल गसि गुरझी।
आनंदघन रसपान-चातको आनकथा-रुचि मुरझी॥ ४२॥

अपने नागर जीवन की आसक्तियों और श्रृंगार रस को छोड़कर विरक्त होने के बाद आनन्दघन पूर्णरूपेण कृष्ण को समर्पित हो गए। अपनी व्यक्तित्वान्तर की सूचना वे उपर्युक्त पद में बहुत स्पष्ट रूप में देते हुए कह रहे हैं कि मेरी वाणी (अब) गोपाल के गुणों से उलझ गई है (अब तक वह गो: इन्द्रियों के आकर्षण में उलझी थी अब इन्द्रियों के स्वामी गोपाल के गुणों में उलझी है।) पहले मेरी वाणी बहुत तरह के छल-छन्द (प्रिय को रिझाने के लिए वचन-रचना आदि) में बंधी हुई थी। अब उस बकवासरूपी फन्दे से छूट गई है। अब मेरी वाणी ब्रजमोहन श्रीकृष्ण के रस के चसके (स्वाद) में बिद्ध हो गई है और वह कृष्ण के प्रति तीव्र आकर्षण (हिलग) के जाल में फँस गई है। मेरी वाणी वह चातकी हो गई है जो आनन्द के बादल (श्रीकृष्ण) के रस का पान करके अपने प्राणों का पोषण करती है और किसी दूसरी कथा के प्रति रुचि करते ही मुरझाने लगती है।

आनन्दघन प्रेम के व्यापक और गम्भीर स्वरूप को समझने और अपने जीवन में उसको प्रमाणित करने वाले कवि और भक्त रहे हैं। प्रेम के दोनों स्वरूपों (शारीरिक और ईश्वरीय) में से वे किसी को निकृष्ट नहीं कहते। उनके प्रसिद्ध छन्द 'प्रेम को महोदधि' की घोषणा बिलकुल स्पष्ट है कि मेरा और सुजान का हेत (प्रेम) भी उसी महासागर का एक क्षुद्र अंश है जिसमें राधाकृष्ण निरन्तर केलि करते हैं और जिसकी तरल तरंग से छूटी हुई एक बूंद तीनों लोकों को आप्लावित कर रही है। उपर्युक्त पद में जब वे अपनी वाणी को अन्य रसों के फन्दे से छूटकर गोपाल के गुणों में उलझने की बात करते हैं तो पहले को निकृष्ट नहीं कहना चाहते, सिर्फ यह बताना चाहते हैं कि पहले जो क्षुद्रतम रूप में प्राप्त था, अब उसी का सागर प्राप्त हो गया है।

परे रहौ करम धरम सब सब धरैं रहौ,
डरे रहौ डर कौन गनै हानि लाहै कौं।
लोक परलोक जो कछू हैं तौ न छूहैं हम,
छीलर रुचै न छीरसिन्धु अवगाहै कौं।
महाघनआनंद घमण्ड पाइयति जहाँ,
सोच सूखा परौ करमठ दुख दाहै कौं।

ऐसी रसरासि लहि उलह्यौ रहत सदा,
कृपा दिखवैया काहू दिसि देखै काहे कों ।। ४३ ।।

आनन्दघन ईश्वर की कृपा के समक्ष सब कुछ को तुच्छ मानते हुए कहते हैं कि जितने कर्म हैं, वे सब पड़े रहें। मुझे उनको अपनाकर जो फल मिलेगा, उसकी चाह नहीं है। जितने धर्म हैं वे सब धरे रहें। मुझे उनका आचरण भी नहीं करना है। कुछ प्राप्त करने की (लाभ की) और कुछ खो देने की (हानि की) चिन्ता करने कौन जाय ? ये सब (हानि लाभ की चिन्ता) और डर एक ओर पड़े (डरे) रहें। लोक और परलोक जो कुछ भी हैं, हम उनका स्पर्श भी नहीं करेंगे (न छूहैं हम) क्योंकि जो क्षीरसागर में अवगाहन कर चुका है, उसे छोटे गड़हों (छीलर) में क्या रुचि हो सकती है ! जहाँ पर महाआनन्द के बादलों के समूह (घमंड) घुमड़ रहे हों, वहाँ सोच (चिन्ता फिक्र) के ऊपर सूखा पड़ेगा ही, वहाँ कर्मठता (रात दिन कर्म-बन्धन में जकड़े रहने) के दुख से जलने कौन जाय ? मेरा मन तो ऐसी रसराशि (महाघनआनन्द) को प्राप्त करके सदा उमंगित होता रहता है। ऐसा व्यक्ति जो कृपा की ओर देखता है (कृपा का सुख अनुभव करता है) वह किसी अन्य दिशा में (अन्य की ओर) भला क्यों देखेगा ?

'कछू हैं तौ न छूहैं हम' में सभंगयमक और 'सोच सूखा परौं' में विरोधाभास। कृपा का जीवन्त अनुभव।

हरि के हिय मैं जिय मैं सुबसै महिमा फिरि और कहा कहियै।
दरसै नित नैननि बैननि ह्वै मुसकानि सो रंग महा लहियै।
घनआनंद प्रानपपीहनि को रस-प्यावनि ज्यावनि है वहियै।
करि कोऊ अनेक उपाय मरौ हमैं जीवनि एक कृपा चहियै ।।४४।।

उस कृपा की महिमा का इससे बढ़कर और क्या वर्णन किया जाय कि वह स्वयं भगवान श्रीकृष्ण के हृदय में और प्राणों में बसती है। वह उनके नेत्रों से, उनकी वाणी से और उनकी मुस्कान की अनेक छटाओं से निरन्तर दिखाई पड़ती है। (भगवान् की कृपा का आनन्द भक्त उनकी आँखों, उनकी वाणी, उनकी मधुर मुस्कान का ध्यान करके प्रतिपल प्राप्त कर सकता है।) उनकी मुस्कान तो आनन्द की अपार वर्षा करती ही है। वही (भगवत्कृपा) तो (भक्तों के) प्राणरूपी पपीहों को रस का पान कराकर जिलाने (जीवित रखने, पोषण करने) वाली है। दूसरे लोग आनन्द प्राप्ति के लिए अनेक उपाय करते मरें, हमें तो केवल कृपा के द्वारा प्राप्त जीवन ही अभीष्ट है। (मुक्ति और आनन्द प्राप्ति

के अन्य उपायों का अनुगमन करना व्यर्थ मरण ही है।) घनआनन्द का विश्वास है कि भगवत्कृपा का अवलम्बन ही जीवन प्रदान कर सकता है। मुहावरे में 'करते करते मरना' के साथ 'जीवनि' का प्रयोग विशेष प्रभावोत्पादक है।

मंजु गुंज करै राग-रचै सुर भरै,
प्रेम-पुंज छबि धरै हरै दरप मनोज को।
चाव-मतवारो भाव-भाँवरीन लेत रहै
देत नैन चैन-ऐन चोपनि के चोज को।
और फूल भूलि रीझि भीजि घनआनंद यौं
बंदी भयौ एक वाही गुन-गन-ओज को।
बानी सरसानी ता मधुव्रत, की लह्यौ जिन
कृपा-मकरन्द स्याम-हृदय-सरोज को॥ ४५॥

आनन्दघन कमल और भ्रमर के प्रसिद्ध के रूपक के माध्यम से कहते हैं कि उसी कविरूपी भ्रमर (मधुव्रत) की वाणी रसवती हो सकती है जिसने श्रीकृष्ण के हृदय रूपी कमल में स्थित कृपारूपी मकरन्द को प्राप्त कर लिया हो। मकरन्द से तृप्त भ्रमर का अप्रस्तुत सम्पूर्ण छन्द में व्याप्त है। वही कविरूपी मधुव्रत वास्तव में वाणी को (अपनी वाणी और सरस्वती) सरस करता है जिसने कृष्ण के हृदय-कमल का कृपा मकरन्द प्राप्त कर लिया है। वही सुन्दर गुंजार करता है, वही रागों की रचना करता है, वही सुर भरता है (घनआनन्द श्रेष्ठ संगीतकार भी थे)। वही प्रेमपुंज छवि (कृष्ण के सौन्दर्य) को धारण करता है और वही काम के दर्प का दलन कर सकता है। (सांसारिक व्यक्ति और कवि के लिए काम (मनोज) अजेय होता है लेकिन जिसने कृष्ण की कृपा प्राप्त कर ली है, उनकी रूप-माधुरी का पान कर लिया है, उसके सामने काम का त्रिभुवन विजयी होने का दर्प चूर हो जाता है।) वही भ्रमर (कवि) कृष्ण के प्रेम (चाव) में मतवाला होकर भावों की भाँवरें लेता रहता है। (भावविभोर होकर झूमता रहता है।) वही भ्रमर अन्य व्यक्तियों के नेत्रों को प्रेम की उमंग का उत्साह प्रदान करता रहता है। (ऐसे कवि को देखकर अन्य लोग प्रेम के प्रति उमंगित होते रहते हैं।) वह भ्रमर (कवि) अन्य फूलों (सांसारिक सुख की उपलब्धियों) को भूलकर कृष्ण-कृपा के आनन्द में भीगकर, उसी पर रीझकर, उसी कमल (कृष्ण-हृदय) के गुणों का पार न पाता हुआ, उसी में बन्दी बना रहता है। इस प्रकार वही कवि सच्चा मधुव्रत पालन करता है और वाणी को सरस बनाता है जिसे कृष्ण के हृदय-कमल का कृपा-मकरन्द प्राप्त हो जाता है।

सांगरूपक का उत्कृष्ट उपयोग। हृदय-कमल, कृपा-मकरन्द और कवि-भ्रमर की संगति का आद्यन्त निर्वाह किया गया है।

साधनपुंज परे अनलेखें पै हौं अपने मन एक न लेख्यौ।
तातें सबै तजि स्याम सुजान सों साहस औरे हिये अवरेख्यौ।
जे निरखे उरझे तिनमैं किनहूँ बिन सोच कछू न बिसेख्यौ।
प्रान-पपीहन को घनआनन्द पोष-रसीली कृपा करि देख्यौ ॥ ४६ ॥

संसार में (आनन्द प्राप्ति के) साधनों के पुंज पड़े हुए हैं, (जिनमें से किसी एक का पालन करने से सफलता मिल सकती है) किन्तु मैं उनमें से सबको अनदेखा करता रहता हूँ। अपने मन में किसी को उपयुक्त नहीं समझ पाता। इसलिए सब कुछ को छोड़कर सुजान श्रीकृष्ण का ही ध्यान करने का साहस अपने हृदय में बढ़ता हुआ पाता हूँ। (मैं ही नहीं) जिसने भी (उन्हें) देख लिया वही (उन्हीं के गुणों में) उलझकर रह गया क्योंकि बिना प्रतिकूलता के अन्य किसी के भीतर वे विशेषताएँ नहीं मिलतीं (जो कृष्ण में हैं)। मैंने तो अपने प्राण-पपीहों के लिए सबसे अच्छा पोषण (कृष्ण की) रसीली कृपा को ही पाया (देखा) है।

तुलसीदास के प्रसिद्ध पद 'नाहिन आवत आन भरोसो' से तुलनीय।

अमल अपूरब उजागर अखंड नित,
जाहि चाहि चंदहि चितारिबो कलंक है।
तारनि प्रकासै मित्र-मंडल मैं मंडन ह्वै,
बन घन राजै रसनायक निसंक है।
आनंद-अमृत-कंद वंदनीय प्रानन को,
सुषमा-सम्पत्ति हेरैं काम कौन रंक है।
चाहते चकोरन कों चोपन सों लखि लेत,
कृपा-चन्द्रिका-मै नंदनंदन मयंक है ॥ ४७ ॥

कृष्ण और उनकी कृपा को चन्द्रमा और चाँदनी से उपमित करते हुए आनन्दघन व्यतिरेक अलंकार के सहारे उत्कृष्ट रूपक की रचना करते हैं।

(चन्द्रमा घटता-बढ़ता रहता है, सब समय प्रकाशित नहीं रहता और कलंकयुक्त होता है किन्तु) कृष्णरूपी चन्द्र अमल, अपूर्व, अखण्ड, सतत प्रकाशमान

(उजागर) और अनन्त है (इसीलिए) इसे देख लेने के बाद आकाश के चन्द्रमा को देखना (चितारिबो) कलंक जैसा लगता है। कृष्णरूपी चन्द्रमा (देखने वालों की) आँखों की पुतलियों (तारों-तारनि) को प्रकाशमान करता है और मित्र-मण्डल को भी शोभा प्रदान करता है। (वह चन्द्रमा मित्र (सूर्य) के प्रकाश से प्रकाशित होता है, मित्रमण्डल को प्रकाशित करता है।) तारे और मित्रमण्डल में सुन्दर श्लेष। यह (कृष्णरूपी चन्द्र) निःशंक होकर वन में और बादलों में भी विचरण करता है (आकाश का चन्द्रमा बादलों में छिप जाता है) वह निशा-नायक मात्र है, कृष्ण चन्द्र रसनायक हैं। कृष्ण चन्द्र आनन्द का अमृत बरसाने वाले बादल हैं और प्राणों के लिए वन्दनीय हैं। उनकी सुन्दरता रूपी अपार सम्पत्ति को देख लेने पर दरिद्र (रंक) काम कहाँ टिक पाता है? अपनी ओर देखते (चाहते) हुए चकोरों को उत्साह उमंग के साथ (कृष्णचन्द्र) देख लेते हैं। कृष्ण ऐसे चन्द्र हैं जो कृपारूपी चांदनी से युक्त हैं (चन्द्रिका-मैं)। उपर्युक्त रूपक श्लेष और व्यतिरेक से पुष्ट होकर कृष्णचन्द्र नाम को पूरी तरह सार्थक करता है और कृपा की चांदनी की इस विशेषता को रेखांकित करता है कि वह सारे संसार को शीतल, स्निग्ध और धवल करती रहती है।

हरिहू के जेतिक सुभाव हम हेरि लहे,
दानी बड़े पै न माँगे बिन ढरै दातुरी।
दीनता न आवै तौ लौं बन्धु करि कौन पावै,
साँच सो निकट दूरि भाजै देखि चातुरी।
गुननि बंधे हैं निरगुन हूँ अनंदघन,
मति बीर यहै गति चाहैं धीर जातु री।
आतुर न ह्वै री अति चातुर विचार थकि,
और सब ढीले कृपा ही के अति आतुरी। ४८॥

कृष्ण और उनकी कृपा को अलग-अलग व्यक्तित्वों के रूप में निरूपित करने वाला यह छन्द वैष्णवभक्ति की इस आधारभूत मान्यता को कलात्मक ढंग से पुष्ट करता है कि ईश्वर की कृपा अहेतुक रूप में सबको प्राप्त होती है। उसके लिए पात्रापात्र का विचार नहीं होता। छन्द एक सम्वाद के रूप में संगठित है। एक पक्ष का कथन है कि हरि के स्वभाव के जितने रूपों को हमने अब तक जाना है या प्राप्त किया है (लहै) उन सबसे स्पष्ट है कि वे बहुत बड़े दानी तो हैं किन्तु उनकी दानशीलता (दातुरी) याचक की याचना के बिना द्रवित नहीं

होती। (वे देते तो हैं किन्तु माँगने पर ही) जिस व्यक्ति (याचक-भक्त) में दीनता न आई, ऐसा कौन है जो उन्हें (भगवान् को) बन्धु के रूप में प्राप्त कर ले ? तात्पर्य यह कि जब सब तरफ से निराश होकर केवल भगवान् की कृपा का भरोसा करके कातर पुकार की जाती है तभी वे बन्धु के रूप में प्रकट होते हैं। दैन्य का यह भाव कठिन है। वे सच्चे व्यक्ति के निकट होते हैं किन्तु चतुरता का लेशमात्र भी देख लेने पर दूर भाग जाते हैं।(भक्त पूरी तरह चातुर्य-शून्य हो यह भी एक कठिन स्थिति है।) इस प्रकार आनन्द के घन वे ईश्वर निर्गुण होकर भी गुणों से बंधे हैं। (गुणों पर रीझते हैं—श्लेष के साथ सुन्दर विरोधाभास) हे सखी (बीर) बुद्धि (मति) के द्वारा भगवान् की इस गति को देखने (चाहैं) पर धैर्य छूट जाता है। यह सोचकर कि मुझमें तो वे गुण (याचकता, दैन्य, सरलता) है नहीं, तब मुझ पर कृपा कैसे होगी ? दूसरा पक्ष उत्तर देता है कि आतुर होने की जरूरत नहीं है। चतुर विचार वहाँ थक जाते हैं। और सब (भगवान् के वैशिष्ट्य) ढीले (शिथिल-आलसी) हो सकते हैं, किन्तु उनकी कृपा को तो अति आतुरता (आतुरी) लगी रहती है (कि कब किसी की ओर ढल जाय) इसलिए निश्चिन्त रहो। वह कृपा अपने आप तुम्हें पोषित करेगी।

भगवत्कृपा की द्रवणशीलता की विलक्षण प्रस्तुति।

रही न कसरि कछू साधन के साधिबे की,
स्रम तें बचाय राखें सुखन सौं सानि हैं।
लोक परलोक भ्रम भूलि गए सुधि आएँ
चरित अनेक एक एक रसखानि हैं।
ताप बापुरेनि की सिरानी आय नेकु ही मैं,
छाये घनआनंद सुबात-वस आनि हैं।
अब पहिचानि हमैं चाहियै न काहू संग,
बिन पहचानि कृपा लीनें पहचानि हैं॥ ४६॥

कृष्ण की कृपा द्वारा पहचान लिए जाने वाले भक्त की भावविह्वल अभिव्यक्ति है कि अब मुझे किसी की किसी प्रकार की पहचान की आवश्यकता नहीं रही। अब तो बिना किसी पहचान (सूत्र-माध्यम-परिचय) के ही 'कृपा' ने मुझे पहचान लिया है (अपना बना लिया है) अब मुझे किसी अन्य साधन के साधने (करने) की आवश्यकता (कमी-कसरि) नहीं रह गई। अब तो वह कृपा ही सब प्रकार

के व्यर्थ श्रम से बचाकर और सुखों में सानकर (सुख में निमग्न करके) हमें रखेगी। लोक और परलोक का सारा भ्रम (अज्ञानजन्य) भूल गया जब (उस कृपा की)सुधि आई। अर्थात कृपा का स्मरण होते ही लोक-परलोक के सम्बन्ध में सब भ्रम मिट गए। अपने स्वरूप को पहचान हो गई। (तब स्मरण हुआ कि) भगवान् के अनेक चरित हैं जो एक से एक (बढ़कर) रस की खानि हैं। अर्थात पहले जो लोक-परलोक का प्रपंच था, वह सत्य प्रतीत होता था, अब समझ में आया है कि सब कुछ भगवान् का विविध रसपूर्ण चरित ही है।(जब यह ज्ञान हो गया और 'कृपा' की पहचान स्पष्ट हो गई तब) ताप बेचारों (बापुरेनि-बापुरे का बहुवचन-तीनों ताप दैहिक-दैविक-भौतिक) की आयु पल भर में ही ठण्डी हो गई। ताप की आयु सिरा गई। सुवात (सुन्दर हवा, सुन्दर बातचीत) के द्वारा लाए गए आनन्द के बादल छा गए। बादल हवा से प्रेरित होकर ही उमड़ते हैं।

विरोधाभास और श्लेष का सुन्दर प्रयोग।

जल मैं थल मैं भरि पूरि रही सम कै दिखरावति है बिसमैं।
समरूप सदा गुनहीनन सौं निज तेज तें त्रासति ताप-तमैं।
घनआनंद जीवनरासि महा बरसै सरसै अरसै न गमैं।
तिन प्राननि संगम रंग अभंग कृपा दरसी सव ठौर हमैं ॥ ५० ॥

सम्पूर्ण सृष्टि में भगवत्कृपा को गतिशील देख लेने के बाद भक्त को कुछ भी प्रतिकूल नहीं लगता। इसी स्थिति की सूचना देते हुए आनन्दघन कह रहे हैं कि (वह कृपा) जल में, थल में(सर्वत्र)भरी हुई है, सब कुछ को आपूरित कर रही है। (जो उसे देख पाते हैं उनके लिए वह) विषम परिस्थितियों को भी सम (अनुकूल) करके दिखाती है। वह गुणहीन लोगों को भी समरूप (गुणवानों के बराबर) ही प्राप्त होती है। वह अपने तेज से प्राणियों के ताप (दैहिक-दैविक-भौतिक) और तम (अज्ञानमोह आदि का अन्धकार)को त्रस्त करती रहती है। वह कृपा महाआनन्द के बादलों से जीवन(जल-प्राणों)की राशि की वर्षा करती रहती है। सबके जीवन को सरस बनाती रहती है और कहीं भी (किसी भी प्राणी तक)जाने में(गमै-गमन करने में)आलस्य नहीं करती। वह सर्वत्र पहुँचती है। सबको प्राप्त होती है। हमें सब जगह वह कृपा दिख रही है इसलिए उसके साथ प्राणों का निरन्तर संयोग बना हुआ है। इस अखण्ड संयोग सुख के रंग विविध हैं और कृपा की निरन्तरता का बोध कराते हैं।

सुख-सुदेस को राज लहि, भए अमर अवनीस।
कृपा कृपानिधि की सदा, छत्र हमारें सीस ॥ ५१ ॥

राजाओं को राज्य के नष्ट हो जाने या छिन जाने का भय होता है और दूसरा भय मृत्यु का होता है। आनन्दघन कृपा का स्मरण करते हुए कहते हैं कि कृपा-निधि (भगवान्) की कृपा का छत्र हमारे सिर पर सदा तना रहता है, इसलिए हम सुख के सुन्दर देश का राज्य प्राप्त करके ऐसे राजा बन गए हैं, जिसे न राज्य जाने का डर है, न अपने मरने का। कृपा का छत्र सिर से कभी नहीं हटेगा, इसलिए न मरने का डर है, न राज्य जाने का। हम अमर राजा हो गए हैं।

हरि तुम सों पहचान को, मोहि लगाव न लेस।
इहि उमंग फूल्यौ रहौं, बसौं कृपा के देस ॥ ५२ ॥

भगवान की कृपा का भरपूर बल पाकर भगवान की भी परवाह न करने की स्थिति में भक्त कहता है कि हे हरि, मुझमें तुम्हारे साथ पहचान करने का लेश-मात्र लगाव (इच्छा) नहीं है (क्योंकि) मैं तो इसी उमंग में फूला रहता हूँ (सन्तुष्ट-प्रफुल्ल) कि मैं कृपा के देश का निवासी हूँ। भगवान की कृपा को भगवान से भी प्रबल समर्थ मानने का भक्त का विश्वास अप्रतिम है।

मो से अनपहचान कों, पहचाने हरि कौन।
कृपा-कान मधि नैन-ज्यौं, त्यौं पुकार मधि-मौन ॥ ५३ ॥

अपनी नगण्यता को रेखांकित करता हुआ भक्त कहता है कि हे हरि, मेरे जैसे अनपहचान (अजाना और किसी भी तरह पहचान बना पाने में असमर्थ-नगण्य) को कौन पहचान सकता है ? तात्पर्य यह कि आप भी नहीं पहचान सकते क्योंकि मुझमें ऐसा कुछ है ही नहीं। लेकिन कृपा की शक्ति के कारण आश्वस्त हूँ। जिस प्रकार कृपा के कानों में नेत्र भी हैं (कृपा सुनने के साथ देख भी लेती है) अथवा कृपा के नेत्रों में ही कान भी हैं (वह देखकर ही प्राणी की पुकार को भी सुन लेती है) उसी प्रकार मेरी पुकार भी मौन में ही बसती है। तात्पर्य यह है कि मैं अपनी व्यथा का प्रकाशन वाणी से करने में

समर्थ नहीं हूँ। मेरा मौन ही मेरी पुकार है और उस पुकार को सुनने की नहीं देखने की आवश्यकता है। मुझे आश्वासन यह है कि आपकी कृपा के कान उसकी आँखों में ही हैं। वह देखती भी है, सुनती है।

द्वारे न जाइहौं जू जन के जगदीस तिहारियै पौरि पर्‌यो हौं।
आस की पासहिं काटि कृपा-बल, पूरन पैंज भरोसें भर्‌यो हौं।
ह्वै अनुकूल हरौ हियसूल खरौ अनखाय उदार अर्‌यो हौं।
हौ पनधारी सुनौ घनआनंद सींचन की अभिलाष हर्‌यो हौं ॥५४॥

अनन्य शरणागति पर जोर देते हुए आनन्दघन कहते हैं कि किसी अन्य के दरवाजे नहीं जाऊँगा। आप जगत् के स्वामी हैं आपकी ही ड्योढ़ी पर पड़ा हुआ हूँ। मैं आपकी कृपा के बल पर आशा के फन्दे को काट दूँगा, इस प्रतिज्ञा (पैंज) से पूरा भरा हुआ हूँ। आप मेरे अनुकूल होकर मेरे हृदय के शूल का हरण कीजिए। आप उदार हैं (किसी को निराश नहीं करते) और मैं अत्यन्त क्षुब्ध होकर अड़ा हुआ हूँ। (कि आपकी अनुकूलता पाकर ही टलूंगा।) मैंने सुना है कि आप अपने पन (प्रण) को धारण करते हैं (जो कहते हैं वही करते हैं) अतः घनेआनन्द से आप मुझे सींचेंगे ही (क्योंकि आपका प्रण है कि दुखियों के दुख दूर करते हैं) इसी अभिलाषा में (कि सींचा जाऊँगा) मैं (अभी से) हरा भरा (प्रसन्न-पुष्ट) हो रहा हूँ।

'आस की पासहिं काटि' पद महत्वपूर्ण है। 'सुजानहित' में एक छन्द है जिसमें प्रेमी मृत्यु के बाद भी आशारूपी पाश से बँधा हुआ बताया गया है। आशा (तृष्णा) ही समस्त दुखों का कारण है, अतः इसका बन्धन (पाश) ईश्वर की कृपा से ही कट सकता है।

वही जमुना है वही बन वेई कुंज-पुंज,
    वही रितु वही चन्द और सब वहियै ॥
वेई हम वही मन वेई अभिलाष लाख,
    वही धुनि मुरली की अजौं रमि रहियै।
कान्हर किसोर चितचोर ओर के बिसासी,
    अब ही दुरे हैं कहूँ ढूंढ़बें उमहियै।
बिरहा बिषम घनआनंद यौं छाय रह्यौ,
    सीरी परि दहियै हो गति कासौं कहियै ॥५५॥

'प्रेम-पत्रिका' आनन्दघन के ६५ छन्दों का ग्रन्थ है । आरम्भ के २६ छन्दों तक एक क्रम में विरहिणी गोपियों द्वारा प्रवासी कृष्ण की पाती को लेकर बिसूरने का वर्णन है । दो पंक्तियों का प्लवंग छन्द २६ तक है। लगता है प्रेम-पत्रिका यहीं पूरी हो जाती है। २७ से ६५ तक कवित्त और सवैया छन्दों में गोपियों के विरह के मर्मस्पर्शी चित्र हैं । यह भी सम्भव है कि ये छन्द किसी अन्य शीर्षक के अन्तर्गत रचे गए हों और बाद में प्रेम-पत्रिका के साथ किसी प्रतिलिपिकार द्वारा संगृहीत हो गये हों । इसमें अनेक सुजानहित के हैं ।

प्रस्तुत छन्द में विरहिणी गोपी अपने विरह की विषम स्थिति का वर्णन करती हुई कहती है कि वही यमुना है, वही वन है, वे ही कुंजों के समूह हैं, वही ऋतु हैं, वही चन्द्रमा है । सब कुछ वही है । (महारास के समय का) हम सब वे ही हैं, हमारा मन वही है, मन में वे ही लाखों अभिलाषाएँ भरी हुई हैं और आज भी मुरली की वही धुन (हमें ऐसा लगता है कि) गूंज (रम) रही है । परले दरजे का विश्वासघाती (ओर के विसासी) वह चितचोर कन्हैया, ऐसा लगता है कि, अभी-अभी था, अभी कहीं छिप गया है और ढूंढ़ने पर अभी कहीं मिल जायेगा । (किन्तु यह सब तो मन का भ्रम है। स्थिति तो यह है कि) विषम विरह के घने बादल इस तरह छाये हुए हैं कि हम सब ठण्डी पड़ती जा रही हैं (निष्प्राण होती जा रही हैं) और जल रही हैं । यह गति ऐसी विषम है कि किससे कही जाय ?

'सीरीपरि दहियैं' में घनआनन्द का निजी विरोध-वैचित्र्य है । सारे बाह्य परिवेश के तद्वत् होते हुए भी प्रिय के अभाव का दुख कैसा विषम हो जाता है, इसका चित्रण प्रायः सभी प्रेमकवियों ने अपने-अपने ढंग से किया है ।

एक डोलै बेचति गुपालहिं दहेंड़ी धरें,
नैननि समान्यौ सोई बैननि जनात है ।
और उठि बोलै आगें ल्याइ री कहा हैमोल;
कैसो धौं जम्यो है ज्यो सवादै ललचात है ।
आनन्द को घन छायौ रहत सदाई ब्रज,
चोपनि पपीहा लौं चहूँधा मँडरात है ।
गोकुल-बधूनि की बिकानि पै बिकाय रहै,
गोरस ह्वै गली-गली मोहन बिकात है ।।५६।।

कृष्ण के प्रेम में प्रमत्त गोपियों का एक चित्र है जिसमें एक गोपी सिर पर दही की मटकी लेकर बेचने निकली है, किन्तु इसके मन में और नैनों में तो गोपाल कृष्ण बसे हुए हैं, अतः उसके मुंह से निकलता है, गोपाल ले लो । (दही ले लो

के स्थान पर) दूसरी गोपी यह दृश्य देखती है और उसके पास पहुँचकर कहती है, ले आओ (अपना गोपाल), क्या मोल है ? किस भाव से बेच रही हो ? कैसे तुमने इस विलक्षण दही (गोपाल) को जमाया है ? मेरा जी तो इसका स्वाद लेने के लिए (सवादै) ललचा रहा है। इस दृश्य पर कवि की टिप्पणी है कि इस प्रकार ब्रज में आनन्द के बादल (श्रीकृष्ण) सदा छाये रहते हैं (न रहने पर भी विद्यमान हैं) और गोपियों के प्रेम की उमंग (चोप) चातक की तरह चारों ओर मंडराती रहती है। कवि कहता है कि स्वयं कृष्ण गोप बधुओं के (इस) दही बेचने की अनोखी रीति पर बिक गये हैं और गोरस बनकर गोकुल की गली-गली में बिक रहे हैं।

'गोरस' के श्लेष से अर्थ की एक विलक्षण छाया उभरती है। गोरस दही बनकर कृष्ण बिक रहे हैं। साथ ही ब्रह्मस्वरूप कृष्ण जो (गो) इन्द्रियों से परे हैं, गोरस (इन्द्रिय-रस-प्रेम-स्वरूप) होकर गली-गली बिक रहे हैं। इन ब्रज-वासियों को इन्द्रियों के स्तर पर वह सुलभ है जो स्वयं इन्द्रियातीत है।

सूर और मीरा के पद से तुलनीय।

सहज सुगन्ध भाँति भाँति भाव-फूल बिछे,
सम रस-रीति जामैं केसरि को झोलना।
बिसद सुबास नाना विधि सों सँवारि रच्यो,
चौकस गुननि गस्यो गूढ़ गाँस खोलना।
राधा-मनमोहन बिलास को सुखासन है,
दोऊ एक बानक सलोने मिठ बोलना।
तन कहूँ क्यों न बसौ बस न तनक मेरो,
मन ब्रजमण्डल को उड़न-खटोलना॥५७॥

राधामाधव-भाव से सम्पन्न आनन्दघन का कथन है कि मेरा शरीर कहीं पड़ा रहे, उस पर तो थोड़ा भी वश नहीं है (वह शिथिल, जर्जर, बीमार, परवश होकर कहीं रह सकता है) किन्तु मेरा मन ब्रजमण्डल का उड़नखटोला बना रहता है जिस पर राधा-कृष्ण निरन्तर विहार करते हैं। मैंने अपने मनरूपी उड़नखटोले को ऐसा बना लिया है कि भाँति-भाँति के भावों के फूल उस पर बिछे हैं। रस की रीति जिस (मन) में सम बनी रहती है, कभी अनुराग की तीव्रता कम नहीं होती। यह रस-रीति उस मनरूपी हिंडोरे में लगी हुई केसर की झूल है। (केसरिया रंग की झालर अथवा झोल।) (अपने मनरूपी खटोले को) मैंने विशद, सुगन्धित बनाकर नाना प्रकार से रचकर बनाया है। चौकस (साव-

धान और चारों ओर रस्सी से कसे हुए—गुननि में श्लेष) गुणों से भरकर ऐसा कोमल आसन बनाया है जिस पर बैठते ही मन की गूढ़ बातें (गाँस) भी खुल जाती हैं। एक ही बानक (शृंगार वेश-रचना) में सजे हुए सलोने और मिठबोले राधा और कृष्ण के बिलास के लिए (मेरा मन) सुन्दर सुखद आसन बना हुआ है। कवि के मन में पूरा ब्रजमण्डल विराजमान है और उसमें विराजमान हैं राधा-कृष्ण। सुन्दर रूपक।

अपार गुनग्राम हौं कहाँ गाऊँ।
तीरहिं गये थकित मतिगति होति, तुम लौ कहौ धौं हौं क्यों करि आऊँ।
अमित चरित की तरल तरंगनि विसमय बूड़ि न ठिक ठहराऊँ।
है उपाव घनआनन्द मोहित बोहित सुदृढ़ कृपा जौ पाऊँ।।५८।।

कृष्ण के गुणों के समूह (ग्राम) का पार नहीं पाया जा सकता। भक्त इसी विवशता का अनुभव करता हुआ कह रहा है कि आपके गुण अपार हैं, (उन्हें कोई भी पूरा नहीं कह सकता, फिर) मैं (अत्यन्त नगण्य) उनका गायन कैसे कर सकता हूँ? आपके गुणों के अपार समुद्र के तीर पर (तट) जाते ही मेरी बुद्धि थक जाती है, गति कुण्ठित हो जाती है तब फिर तुम ही कहो हे हरि, मैं तुम तक कैसे पहुँचूं? (गुणों तक ही नहीं पहुँच पाता तो गुणी तक कैसे आऊँ।) आपके गुणों के अपार सागर में चरित (लीला) की अगणित तरल तरंगें लहराती हैं (जिन्हें देखकर मैं) विस्मय (आश्चर्य) में ही डूब जाता हूँ, पल भर ठहर नहीं पाता। एक ही उपाय है कि मेरे कल्याण के लिए (मोहित) आपकी कृपा का जहाज (बोहित) मिल जाय। (तब मैं आपके गुणों के समुद्र में अवगाहन कर सकता हूँ। अर्थात आपकी कृपा से ही आपके गुणों को जाना जा सकता है।

प्रेम को महोदधि अपार हेरि कै विचार

"बापुरो हहरि वार हीते फिरि आयो है' (सुजानहित) में विचार को प्रेमपयोधि के अपनी ओर के तट (वार) से ही डरकर लौट आने का वर्णन है।

तीसरी पंक्ति में तरल तरंगों को देखकर विस्मय में डूबना (उन लहरों तक तो गति ही नहीं है) सुन्दर अभिव्यक्ति है।

तिहारे कौन कौन गुन गाऊँ।
इन अपने अनेक औगुन पै तुमहिं दयालै पाऊँ।
सबही बिधि सुधि लेत देत सुख हौं अचेत बिसराऊँ।
आनन्दघन उदार मृदु मूरति कृपा भरोसे छाऊँ।।५९।।

भगवान् के अगणित गुणों पर मुग्ध होता हुआ भक्त कहता है कि मैं आपके किन-किन गुणों का गान करूँ ? (वे अनन्त हैं और एक-एक की महिमा अनन्त है।) सबसे बड़ा गुण तो तुम्हारा यही है कि मैं अनेक अवगुणों से भरा हुआ हूँ, फिर भी तुमको अपने प्रति दयालु ही पाता हूँ। (तुम मेरे अवगुणों पर ध्यान न देकर मुझ जैसे अवगुणी महादोषी व्यक्ति पर भी दया करते हो।) मैं अज्ञानी (अचेत) हूँ अत: मैं अपना भला-बुरा भी नहीं समझ पाता और तुमको बिसरा देता हूँ तब भी तुम सब तरह से मेरी सुधि लेते रहते हो और सुख देते रहते हो। इस प्रकार मैं अपने ऊपर तुम्हारी परम उदार मृदुल मूर्ति की कृपा के घने बादलों की आनन्ददायिनी छाया का अनुभव करता हूँ। अथवा हे आनन्द की वर्षा करने वाले बादल, तुम्हारी उदार और मृदुल मूर्ति की कृपा के भरोसे छाया में सुख प्राप्त करता हूँ।

उपर्युक्त पद में भगवान् के एक ही गुण पर भक्त मुग्ध है कि वे भक्त के अवगुणों को भूलकर स्वयं उसकी सुधि लेते हैं।

लगौहें मनहीं औरे होत।
हैं जलचर बिचरत अनेक पै अमिल मीन-गति-गोत।
जंत अनंत उलूक आदि दै देखत चंद उदोत।
कछु चकोर की चौंप न्यारियै अनल सुधा को सोत।
जहाँ जगमगत प्रेम-दिवाकर तहाँ नेम खद्योत।
आनंदघन रसतृषित पपीहनि कहूँ अमी ते ओत।।६०।।

(किसी से) लग जाने की विशेषता वाले (लगौंहें) अर्थात् प्रेम में पड़ जाने वाले मन और ही प्रकार के होते हैं। (भेदकातिशयोक्ति का उत्कृष्ट प्रयोग प्रेम करने वाले मन की अनुपमेयता और अवर्णनीय विशेषता की समर्थ व्यंजना करता है।) जल में अनेक प्रकार के जलचर विचरण करते हैं किन्तु उन सबसे अलग (अमिल—न मिलने वाले) मीन (मछली) की गति सबसे विलक्षण होती है। उसका गोत्र (गोत) ही अलग होता है। (केवल मछली को ही जल के साथ अनन्य प्रेम के लिए स्मरण किया जाता है, यद्यपि सभी जलजन्तु जल में ही रहते हैं।) इसी प्रकार चन्द्रमा को उदित होता हुआ अगणित जीव-जन्तु (जन्त-प्राणी) देखते हैं, किन्तु चकोर के मन का प्रेमोत्साह (चौंप) कुछ अनोखा ही होता है जिसके कारण उसके (चकोर) लिए आग भी अमृत का स्रोत बन जाता है। (चकोर अंगारे खाता है, उसमें उसे अमृत का स्वाद इसलिए मिलता है कि चन्द्रमा के साथ उसका प्रेम असाधारण है। कहा जाता है कि अंगारों को चन्द्रमा

समझकर ही चकोर उन्हें खाता है। आनन्दघन के एक छन्द की पंक्ति है, 'नीके सुधानिधि रूप-छक्यो रचि आगि चुगै सब त्यागि परेखै'।) 'आँसू' में जयशंकर प्रसाद चन्द्र-चकोर के सम्बन्ध को इस रूप में प्रस्तुत करते हैं—

है चन्द्र हृदय में बैठा उस शीतल किरण सहारे।
सौन्दर्यसुधाबलिहारी, चुगता चकोर अंगारे॥

प्रेम करने वाले संसार के सामान्य नियमों की बहुत परवाह नहीं करते। आनन्दघन इसका कारण बताते हुए कहते हैं कि जहाँ प्रेम का सूर्य जगमगा रहा है वहाँ नियम (नेम) खद्योत (जुगनू) की तरह निष्प्रभ हैं, उनकी चिन्ता कौन करे? अन्त में कवि कहता है कि आनन्द के बादलों से बरसने वाले रस की प्यास जिन पपीहों को है, उनको अमृत (अमी) से कहीं तृप्ति (ओत) मिल सकती है? अर्थात अमृत संसार के लोगों के लिए चाहे जितना महत्वपूर्ण हो, प्रेम करने वाले मन की तृप्ति उससे नहीं होती।

तुम्हें लियें हौं कहाँ फिरौं।
ललित धीर बलि वीर जानमनि छिमासील अनखाइ भिरौं।
हौ जगदीस कोऊ पूजत माया की गति हेरि हिरौं।
असुचि असाध कामना-किंकर घिनि आवै इन आस घिरौं।
मन बुधि चित अहंकार एक तुम करहु कृपा कितहूँ न किरौं।
आनंदघन प्रन पालि पोषिवै पायनि पै गिरि धरनि गिरौं॥६१॥

भक्त भगवान् की अतिशय कृपालुता और अपनी जड़ता को साथ-साथ अनुभव करता हुआ कहता है कि हे भगवान् मैं तुम्हें पाने के लिए (तुम्हारी कृपा पाने के लिए) कहाँ-कहाँ घूमूँ? तात्पर्य यह कि अपनी समझ से तुम्हें पाने के जो उपाय थे, सब मैंने कर लिए, फिर भी तुम अप्राप्य रहे। अब तुम्हीं बताओ, क्या करूँ! बार-बार असफल होने पर खीझ कर मैं (अनखाइ) तुम्हीं से भिड़ता हूँ (तुमसे ही अपनी विपत्ति कहता हूँ) (इस पर तुम्हें क्रुद्ध होना चाहिए, किन्तु जानता हूँ) तुम ललित, धीर, वीर सब कुछ जानने वाले (जानमनि) और क्षमाशील हो (इसीलिए खिझाने वाला काम करके भी) तुम्हीं से आशा करता हूँ। तुम जगत् के स्वामी हो, अन्य लोग (कोऊ) पूजते भी हैं किन्तु मैं इतना अधम हूँ कि माया की गति को देखकर ही उसी में फँसा (हिरौं) हुआ हूँ। माया के प्रसार से अपने को बचाकर तुम्हारी ओर अनन्य भाव से नहीं आ पाता। अपवित्र, कठिन (असाध) और कामनाओं का दास (किंकर) होकर रह गया हूँ। जिन [illegible] आशा करता हूँ उनकी वास्तविकता यह है कि घिन आती

है, फिर भी मैं उन्हीं की आशा में घिरा हूँ। अब मैं प्रार्थना करता हूँ कि मेरे मन, बुद्धि, अहंकार, चित्त सबमें एक तुम्हीं निवास करो और मुझ पर इस तरह कृपा करो कि मैं कहीं भी कष्ट न पाऊँ (कितहूँ न फिरौं।) मैं आपके पाँवों पर पड़ता हूँ, धरती पर गिरकर प्रार्थना करता हूँ कि आप आनन्द के बादल हैं, अपने (बरसने के) प्रण का पालन करके मेरा (पपीहा का) पोषण करो। पालन-पोषण शब्द एक साथ प्रयुक्त होते हैं। यहाँ पालि में श्लिष्ट संकेत है, अपना प्रण पालिये (मुझे भी) और इस प्रकार मेरा पोषण कीजिए।

दुसह दुरासा दूरि करौ।
अंतरजामी अजित कृपानिधि हारि पर्‌यौ हहरानि हरौ।
अपनोई विसवास दीजियै अधम उधारन विरुद भरौ।
आनंदघन पन पालि पोषियै दीन पपीहा ओर ढरौ।।६२।।

जिन सांसारिक आशाओं में फँसकर मन भगवान से दूर होता जाता है, वे अन्ततः दुराशा ही हैं। उन्हीं को अपने मन से अलग करने की प्रार्थना करता हुआ भक्त कहता है कि दुराशा (से मिलने वाले कष्ट) दुःसह हैं, उनको (मेरे हृदय से) दूर कर दीजिए। मैं सब ओर से हारकर आपकी शरण आया हूँ। आप अन्तर्यामी हैं, अजित हैं (आप पर किसी का जोर नहीं चलता) कृपा के समुद्र हैं। मेरी महाभीति (हहरानि) को हर लीजिए। मुझमें केवल अपने प्रति विश्वास भर दीजिए (कि मैं अन्य किसी का विश्वास न करूँ) इस प्रकार आप अपने विरुद अधम अधारन का निर्वाह कीजिए। (मैं सबसे अधम हूँ, मेरा उद्धार होने पर ही आपके विरुद की रक्षा हो सकती है।) आनन्द के बादल हैं आप, दीन पपीहे की ओर द्रवित होकर (ढरौ) अपने प्रण का पालन और मेरा पोषण कीजिए।

सुख सवाद स्यामहिं सुमिरें सब।
सीठे भए गए छुटि सहजै निज सुरूप रस-परस लस्यौ अब।
नेह देह जगमगी ज्योतिमै भाव-भेद ढरि लगे ढार ढब।
आयौ घमंडि महाघनआनंद उघरि परी अति अगम दसा दब।।६३।।

प्रेम का हर तरह का स्वाद चख लेने और तृप्ति का अनुभव कर लेने के बाद आनन्दघन सहज ही इस निष्कर्ष पर पहुँचते हैं कि जितने प्रकार के सुख और स्वाद हैं, वे सब केवल कृष्ण का स्मरण करने से ही मिल जाते हैं। (अलग-

अलग इन्द्रियों से विषयों का स्वाद लेने में तृप्ति कभी नहीं मिलती, प्यास बढ़ती जाती है और जब सभी इन्द्रियों को कृष्णोन्मुख कर दिया जाता है तब अतृप्ति के स्थान पर परमस्वाद की तृप्ति मिलती है।) स्याम के सुमिरन से मिलने वाले सुख का अनुभव करने वाला कह रहा है कि संसार के अन्य रस-पदार्थ अब सीठे (निःसार) हो गए हैं। अब वे सहज ही छूट गए हैं। मन उनकी ओर अब कभी नहीं जाता। मेरा मन अब निज स्वरूप (आत्मस्वरूप) के रस का स्पर्श पाकर उसी सुख से सुन्दर हो गया है(लस्यो) उसी से चिपक गया है। नेह (अनुराग) की देह ज्योतिमयी होकर (ज्योतिमैं) जगमगाने लगी है और भाव के जितने भेद हैं, (भाव-भेद रस-भेद अपारा) वे सब कृपा की ढार (द्रवणशीलता) के साथ ठीक रास्ते (ढब) पर लग गए हैं। चित्त स्वयं ढलने (द्रवित होने) लगा है। (आनन्दघन अपने नाम का सार्थक प्रयोग अपनी परिचित विरोधवक्रता के साथ करते हुए कहते हैं कि) महाआनन्द के बादल उमड़ आए हैं और इसके साथ ही जो हमारी दीन (दब-दबी हुई— दयनीय) दशा थी वह उघर गई है (समाप्त हो गई है)।

बादल के उघरने, छाने, घुमड़ने, बरसने की क्रिया के सैकड़ों दुर्लभ प्रयोग आनन्दघन की कविता में मिलते हैं, जिनमें विरोधाभास और रूपक की दुर्लभ छटाएँ हैं। बादल छाते हैं और उघर जाते हैं। उपर्युक्त पद में बादल के छाने पर दीन-दशा के उघरने का प्रयोग वह चमत्कार उत्पन्न करता है। बादल छाये, उनके अभाव के कारण जो दीनदशा थी, वह समाप्त हो गई, उघर गई। बादल के लिए ये दोनों क्रियाएँ प्रयुक्त होती हैं। यहाँ भिन्न स्थिति के लिए प्रयुक्त है।

परैं जौ ब्रज-रज-परस सवाद।
ब्रजमोहन की चरन-धरन-छबि लोचन लहैं प्रसाद।
प्रान पोष पावैं पल पल मैं मादन मुरली-नाद।
आनंदघन लीला-रस चाखैं बढ़ै प्रेम-उनमाद॥६४॥

भक्त आनन्दघन भक्ति-भाव में निमग्न होकर ब्रज की धूलि के महत्त्व का वर्णन करते हुए कहते हैं कि जो ब्रज की धूल के स्पर्श के स्वाद में पड़ जाता है (जिसको ब्रज-रज-स्पर्श का स्वाद मिल जाता है) (उसे और कुछ भी अच्छा नहीं लगता।) उस धूलि पर ब्रजमोहन श्रीकृष्ण के पाँवों के धारण करने की (चलने, खड़े होने, उठने, बैठने) छवि को (भक्तों के) नेत्र प्रसाद के रूप में प्राप्त करते हैं। (भक्त अपने मानस नेत्रों के समक्ष श्रीकृष्ण के चरणों की विभिन्न मुद्राओं को मूर्त करने का अवसर उस धूल को देखकर ही प्राप्त करते हैं।) प्राणों का पोषण पल-पल में भक्तों को कृष्ण की मुरली के मादन (मत्त

करने वाले) संगीत में मिलता रहता है। (ब्रज की धूल का स्पर्श पाकर भक्त गण) लीला-रस का आस्वादन करते हैं और उनमें प्रेम का उन्माद बढ़ता जाता है। यह सब कुछ ब्रज की उस धूल के स्पर्श से हो जाता है जो श्रीकृष्ण के चरणों के स्पर्श से आपूरित है।

उपर्युक्त पद के भाव का प्रसार आनन्दघन की मृत्यु के समय की उनकी अवस्था तक देखा जा सकता है, जिसमें उन्होंने अपने रक्त की एक-एक बूंद में ब्रज की धूल को आत्मसात करते हुए प्राण विसर्जित किए।

भरोसो रावरो हमें।
पिय ब्रजचन्द कौन धौं टारै तुम बिन ताप-तमै।
हौ हरि दुख हरिहौ करि सुख ज्यौं दृगरूप रमै।
आनंद-अमी-बरस सुदरस दै सींच्यौ स्याम समै।।६५।।

अपनी अनन्य गति पर विशेष बल देते हुए आनन्दघन कहते हैं कि हे कृष्ण, हमको केवल आपका ही भरोसा है। इसका कारण भी स्पष्ट है कि जो हमारा दुख है वह आप ही दूर कर सकते हैं। अज्ञान के अन्धकार और तीनों तरह के ताप (दैहिक-दैविक-भौतिक) हमें दग्ध कर रहे हैं। अन्धकार और ताप से वही मुक्त कर सकता है जो प्रकाश और शीतलता का आगार हो। इसलिए हे ब्रज-चन्द ! तुम्हीं हमारे ताप और तम को हटा सकते हो। तुम्हारे बिना हमारे हृदय के ताप और तम को कोई दूसरा नहीं हटा सकता। तुम हरि (हरण करने वाले) हो इसलिए हमारे दुख हरोगे ही और सुख प्रदान करोगे। जिस प्रकार के रूप से हमारी आँखों में रमे हुए हो वही रूप लेकर सामने उपस्थित होकर हम लोगों को सुखी करोगे। तुम श्याम हो। (घनश्याम = काले बादल) इसलिए आनन्दरूपी अमृत की वर्षा करके और अपने सुन्दर दर्शन देकर (हम भक्तजनों को) सींचो। सींचने से मुरझाई हुई वनस्पतियाँ हरी हो जाती हैं, किन्तु समय से सींचने पर ही। समय बीत जाने पर सींचना व्यर्थ हो जाता है इसलिए अन्त में भक्त यह बात स्मरण कराना नहीं भूलता कि समय पर (समै) सींच दोगे, तभी हमारे प्राणों की रक्षा हो पाएगी। यह विश्वास भक्त के हृदय से सहज ही निकलता है कि समय पर सींचोगे ही और हमारे सारे दुख-कष्ट समाप्त हो जाएँगे।

ब्रजचन्द, हरि, श्याम सभी नाम (विशेष्य) साभिप्राय प्रयुक्त हैं, अतः परि-करांकुर। ध्वनि यह भी है कि ये विशेषताएँ किसी और में नहीं हैं, इसलिए हमारा उद्धारक कोई और नहीं हो सकता। हमें केवल आपका भरोसा है।

इसी प्रकार की अनन्यता के दर्शन सूर, तुलसी, मीरा के पदों में होते हैं।

●●